님께 드립니다.

년   월   일

대한민국 건국대통령

이승만의 비전

초 판 1 쇄 | 2022년 02월 25일
초 판 2 쇄 | 2022년 03월 09일

지 은 이 | 노 영 애
펴 낸 이 | 이 규 종
펴 낸 곳 | 해피&북스
　　　　　　서울시 마포구 토정로 222
　　　　　　한국출판콘텐츠센타 422-3
전　　화 | (02) 6401-7004
팩　　스 | (02) 323-6416
홈 페 이 지 | www.elman.kr
메　　일 | elman1985@hanmail.net
등　　록 | 제2020-000033호

I S B N | 979-11-969714-6-8
정　　가 | 15,000 원

대한민국 건국 대통령

이승만의 비전

해피&북스

이승만 초대 대통령

▲ 상해 이승만 대통령 환영회

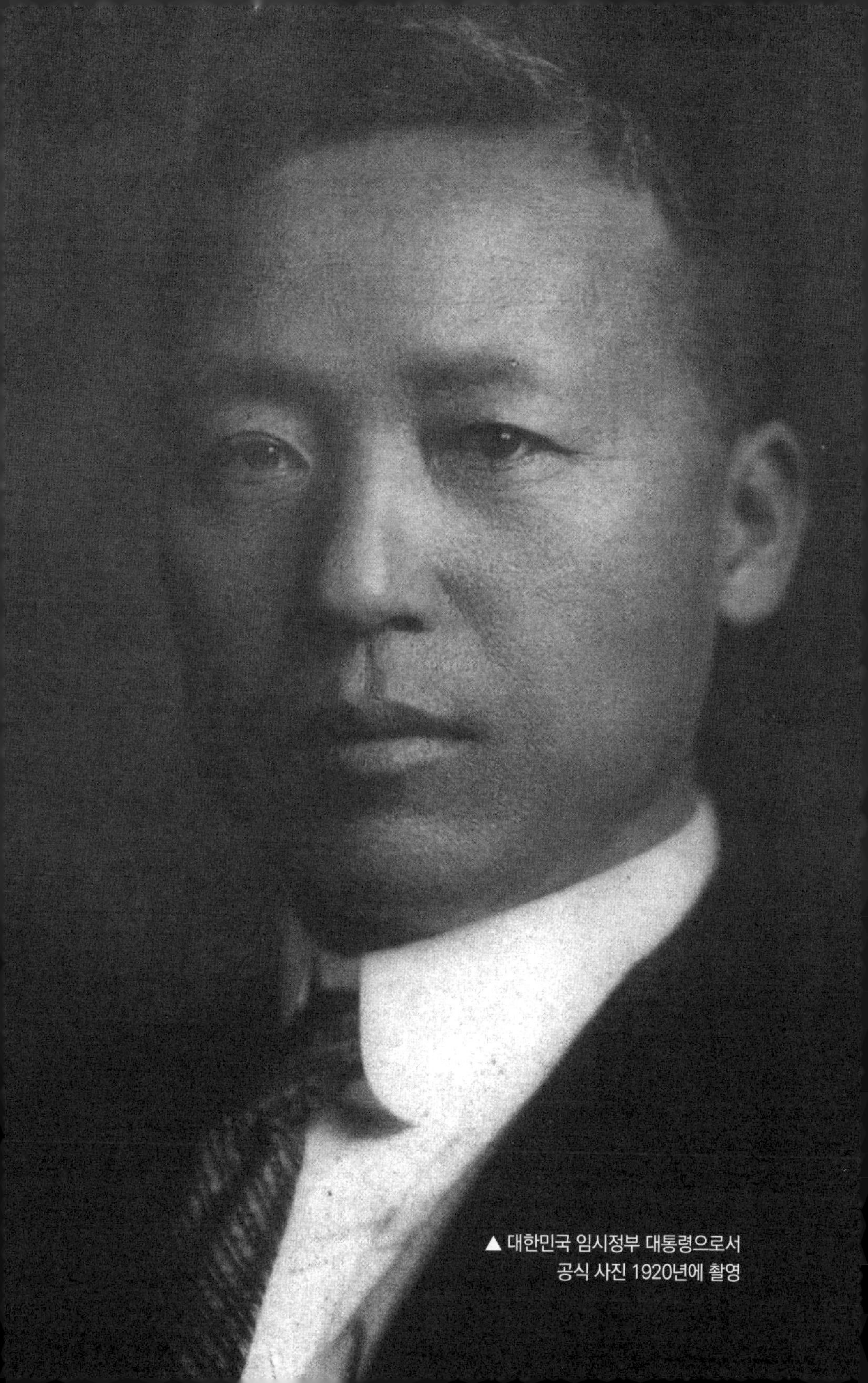

▲ 대한민국 임시정부 대통령으로서
공식 사진 1920년에 촬영

▲ 역사적인 국회 개원식이 중앙청 의사당에서 열렸다. 이 자리에는 5·10선거에서 당선된 의원 198명명 정원 200명이 참석했다. 이에 일선 예비회의에서 국회의장으로 당선된 이승만은 개최식 식사를 통해 '오늘 여기에서 열리는 국회는 즉 국민대회의 계승이요. 이 국회에서 건설되는 정부는 즉 기미년 서울에서 수립된 민국(民國) 정부의 계승이다'라고 말했다.
1948년 5월 31일

▲ 이승만 대통령이 미국 상하의원 합동회의에서 한 연설 장면

머/리/말

대한민국은 하나님의 축복을 받은 나라다. 나라가 어려울 때마다 이 땅에 자유를 위해 분투한 선진들의 헌신으로 지금 세계정상에 우뚝서있다. 대한민국이라는 나라가 세워지고 오늘의 대한민국이 있기까지 역사를 알기 위해서는 대한민국 건국대통령 이승만을 반드시 알아야한다. 나는 어려서부터 부모님에게 나라의 소중함을 늘 들으면서 자랐다. 일본의 침략과 북한의 남침으로 인한 6.25전쟁을 겪으신 부모님은 자유가 얼마나 소중한지, 나라의 존재가 얼마나 중요한지, 초등학교시절 어린 나를 앉혀 놓고 겨울밤이 깊어 가는 줄도 모르고 말씀하셨다. 아버지는 6.25전쟁 때 압록강전투에서 목숨을 아끼지 않고 중공군과 치열하게 싸우셨던 일들을 과감하지 않은 모습 그대로 말씀 하셨다. 어린 내가 듣기도 힘든 전쟁터 이야기를 들으면 나는 무서워서 귀를 막고 이불속에 숨었던 기억이 지금도 생생하다.

아버지의 마무리는 항상 그랬듯이 나라를 지킬 것과 애국을 말씀하시면서 이야기를 마치셨, 아버지 큰집은 부유한 집안이었다. 그러나 나는 큰아버지를 본 기억이 거의 없었다. 큰 아버지는 만주에서 나라의 독립운동을 하시느라 몇 년에 한번 독립운동자금을 가지러 집에 오셨다는 것을 성년이 된 후에야 알게 되었다. 어머니는 긴 세월 전쟁터에서 보내신 군인 아내인 까닭에 일본경찰이 집안을 급습하여 태극기가 나오면 쏴 죽이겠다고 머리에 총을 겨누어 죽을 고비를 수차례 넘기셨다고 했다. 인민군들에게 들키지 않으려 숨어 피해 다녔던 그때를 생각하면 치가 떨린다고 늘 말씀하시곤 하셨다. 지금 어린 시절 가장 기억에 남는 것이 있다면 아버지의 태극기사랑이다.

아버지는 우리 집에서 제일 소중한 가보가 다름 아닌 태극기사랑이셨다. 나는 지금도 국경일마다 큰 태극기함을 열어 광목으로 된 손때 묻은 태극기를 펼쳐 보이시며 흐뭇해하시던 아버지 얼굴을 잊을 수가 없다. 부모님은 이승만대통령이 없었다면 우리나라는 없다고 늘 말씀하셨다. 아버지는 내가 법대를 가서 변호사가 되기를 원하셨다. 그러나 선교사와 기자를 끝으로 나는 지금 목사가 되어 하나님의 말씀을 선포하며 사랑과 정의와 공의가 실체가 되는데 기도와 허락하신 달란트로 섬기고 있다. 이 책을 집필 할 수 있도록 허락하신 하나님께 감사를 드리며 어려서부터 애국정신 교육을 가르쳐주신 천국에 계신 부모님에게 감사를 드린다.

2022년 2월 12일 용인서재에서

P.S 이 책의 구성과 내용을 가능한 함께 공감할 수 있도록 쉬운 단어로 전개하도록 노력하였다. 한 나라의 역사를 알지 못하면 그 나라를 제대로 이해하지 못하듯이 우리나라의 역사를 바로 알고 시대 흐름을 볼 때에 좀 더 깊이 나라의 소중함을 가지리라 믿는다. 또한 다음 세대들에게 올바른 역사의식을 전수하여 대한민국의 미래가 더 아름답게 빛을 발할 수 있을 것이라 확신한다.

프/롤/로/그

잠자는 민족의 비전을 깨워
열방의 빛으로

대한민국은 오랜 역사와 전통을 지닌 동방의 떠오르는 태양 같은 나라이다. 주변에 강대국들의 수 많은 침략과 겁탈 속에서도 강인한 민족정신으로 오늘날 세계정상에 우뚝서있다. 세계 여러 나라 중에 강성한 이스라엘의 역사를 보면 대한민국의 역사와 비슷함을 볼 수 있다. 하나님은 소망이 없던 이스라엘 백성들에게 믿음의 조상 아브라함 한사람을 불러 기름진 약속의 땅으로 인도하시고 축복하셨다. 대한민국도 왕정시대를 끝으로 조선말에 일본의 압제와 더불어 아시아 대륙의 영토야욕으로 1905년 을사조약으로 국권을 상실했다. 이때에 하나님은 한사람 이승만을 불러 위대한 대한민국을 건국하게 하셨다. 이승만이 태어난 시기는 중국 중심의 대륙문명권과 일본이 포함된 서양 중심의 해양문명권의 선택의 기로에 있었다. 한반도를 둘러싼 열강의 영토 침탈의 야욕에 맞서지도 못하고 급변하는 세계정세에 제대로 대응하지 못한 조선황실의 부패와 무능에 맞서 싸워나간 이승만은 신학문과 기독교사상으로 자유민주주의에 눈을 뜨게 하였다. 자주독립과 장기적이고도 점진적인 부국강병을 위한 끊임없는 비폭력저항운동과 외교독립투쟁을 하게 되었다. 이승만의 핵심가치는 자유민주주의와 기독교정신이었다. 그의 독립운동에 반소.반공과 가치관을 분명히 하고 있는 것을 볼 수 있다. 제2차세계대전 후에 미, 소 냉전체제에 이어 해방 후 미. 소의 좌우의 대립으로 통일정부 수립을 위한 그의 노력은 단독정부수립과정에서 과정에서 볼 수 있다. 북한에서 시작된 6.25전쟁을 한반도 통일을 위한 절호의 기회로 판단했지만 강대국들의 개입과 휴전의 과정에서 통일은 불가능했다. 이에 비극이 지금도 여전히 한반도에 분단이라는 DMZ는 우리민족의 아픔이다. 오랜 세월 일본의 압제와 한국전쟁은 금수강산을 폐허로 만들었다. 이승만은 대한민국의 경제자립을 위한 외교적 노력과 교육을 통한 계몽운동. 강대국과의 협력, 한.미동맹 우호적 관계 등 선진국의 산업재를 받아들임은 오늘날 급성장한 대한민국의 발전의 기초가 되었다고 볼 수 있다.

오늘 우리가 누리는 자유와. 문명과 평화는 거져 주어진 것이 아니다. 대한민국 건국대통령을 중심으로 한 애국선진들의 평생을 독립과 장기적인 경제

발전과 정치, 교육. 문화발전의 기초를 평생 분투하고 싸운 결과물이다. 이과
정속에서 미국과 소련. 일본과 북한 등 주변 강대국들과 주변국의 한반도를
둘러싼 이해관계 속에서 낳은 과오가 있다면 교훈으로 삼고 민족의 비전을
깨워 한강의 기적의 시작을 이룩한 성과는 계승하고 이어나가야 할 것이다.
쉼 없이 흐르는 역사의 흐름 속에서 이승만의 최고의 가치는 대한민국의 자
유민주주의다. 억압과 핍박가운데서는 자유가 꽃 필수 없다. 일본의 36년의
압제해방, 이어진 북한의 남침으로 지금도 한반도는 전쟁 중이다. 이 속에서
도 자유민주주의와 자유시장 경제를 기반으로 대한민국이 세계열강들과 어
깨를 나란히 하는 부국으로 성장했다. 이승만은 평생을 자유를 위해 싸웠고
자유가 현실이 되게 하고 자유를 통해 누리는 풍요를 이 강산에 뿌려 놓았다.
그리고 세계열방 가운데 대한민국이 세계강국으로 자유가 주는 풍요가 어떠
함을 보여주고 있다. 자유를 지키고 보호하고 계승하는 건 우리 후세들의 몫
이고 책임이다 . 대한민국은 세계에서 인구대비 가장 많은 선교사를 파송하
는 나라가 됐다. 대한독립에서 건국으로, 나라를 지키고 보호하는 호국으로,
이에 부국으로 이어지는 애국의 한길만을 평생 살았던 초대 건국대통령 이승
만이다. 그의 소원은 자주통일로 가는 길을 선택하고 경제적으로 넉넉한 나
라, 군사적으로 강력한 부국강병으로 자유민주주의에 근거한 민족의 통일이
었다. 다시 오늘 우리는 기억해야한다. 대한민국을 있게 한 대한민국 건국 대
통령 이승만의 비전은 자유민주주의 토대위에 세워진 부국강병이며 민족통
일이다.

이 책을 집필 할 수 있도록 인도하신 하나님과 동역자들과 독자들에게 하
나님의 축복이 가득 넘치길 기원합니다.

추/천/사

　대한민국의 건국대통령 이승만박사는 이스라엘민족을 출애굽시킨 모세와 닮았고. 미국건국의 아버지 조지 와싱턴을 연상케 한다. 청년 이승만이 조지 와싱턴, 하버드대학에서 공부할 때 스코트랜드 정통교회인 언약도 교회에 출석해서 헴린목사에게 세례를 받았다. 프린스턴대학에서 공부하기 전 그는 프린스톤 신학교에서 비.비.월필드.어드만. 젤할더스 보스 박사에게 칼빈주의 신학을 전수받고 그의 가슴에는 조선이 독립되면 하나님중심, 성경중심의 나라를 세우려고 했다. 그래서 대한민국은 기도로 세운나라다. 노영애교수의 〈이승만의 비전〉은 방황하는 대한민국에 새로운 이정표가 될 것을 확신한다.

-정성구박사 전) 총신대학교 대신대 총장

　노영애 박사께서는 이승만 관련 자료들을 절묘한 대본으로 편성하여 이런 거작으로 간행하시었습니다. 이승만박사는 대한민국의 국부이십니다. 1948년 유엔과 함께 대한민국을 세우고, 기독교 입국, 자유민주주의, 자유시장경제, 한미동맹의 국가 전통(正統)을 확고하게 세운 건국의 횃불이십니다. 본서는 우리가 이승만대통령의 신념과 그 비전을 확고하게 계승하고 발전시킬 때에 앞으로 대한민국이 세계 거대 일류 국가로 비상할 수 있다는 것을 보여 주고 있습니다. 이런 보감을 바로 이 시점에 상쟁(上梓)하신 노박사님에게 만강의 박수를 보내드립니다.

- 민경배박사 연세대학교 명예교수 전) 서울장신대학교 총장

Aloha Ph Dr. Roh, Young Ae

(Julia Roh),

Congratulations on publishing the story of Korea's First President Rhee, SyngMan!

Being a third generation from Korea, I am extremely proud of his humble beginnings here in Hawaii. My grandfather lived on Kauai at the same time President Rhee led the Korean Independence Movement here.

Surely, they worked towards an independent Korea together, as did all the immigrants that migrated here.

Professor Sang-Gie Heo and I are very excited to support your endeavor and wish you the best wishes for success!

Thank you for your work, and God Bless,

Samuel S Kong

Sam Kong

House of Representatives, Hawaii

Representative Sam Kong

대한민국 초대 대통령 이승만 책 발간을 축하합니다. 저는 하와이에 이주한 한국계 3세로서 이 곳에서 청빈한 독립운동을 시작을 자랑스럽게 생각합니다. 나의 조부모님은 이승만대통령이 이곳에서 대한민국 독립운동할 당시 대한민국 독립을 위해 함께 일하셨습니다. 허상기 교수와 함께 당신의 노고를 성원하며 성공을 기원합니다. -하와이주 하원의원 Sam kong

추/천/사

하루 중 가장 어두운 때는 캄캄한 밤이 아닌 아침 해가 뜨기 직전 이라고 합니다. 조선의 가장 어두운 시기에 독립운동의 연설가. 언론인. 저술가로 자유 대한민국의 초대 이승만 대통령은 부국강병의 기초를 세우셨습니다. 그 당시에 민주주의 개념조차도 없던 황무지에 기적을 일으킨 하나님이 주신 특별한 선지자셨습니다. 이승만대통령을 통한 자유민주주의. 자유시장 경제. 한미동맹은 미래를 내다본 하늘의 선물입니다. 이 책을 통하여 하나님의 영광이 나타나며 하나님께 영광을 돌려지게 되기를 간구합니다.

- 한미동맹연합회 대표. 한미기독교인 동포연합회장 김태훈 목사

이승만의 비전' 책 출간을 축하드립니다.

노영애 목사님의 관심주제는 제 평생의 연구주제인 '이승만'과 같습니다. 따라서 제가 이렇게 축하의 대열에 함께 서 있어도 결례는 아닐 듯합니다. 우남 이승만 대통령님은 기독교분만 아니라 우리 불교위해서도 매우 중요한 역사적 이정표를 제공하신 분입니다. 해방 후 일제 식민지 잔재가 가득한 왜색 불교를 한국 전통불교로 바꿔 버리는데 결정적인 공헌을 하신분이 우남 어르신 이였습니다. 일제의 대처승 중심의 한국불교를 원래 전통불교인 비구승 중심의 불교로 회복시켜주신 분이 바로 우남 대통령이셨습니다. 우남의 모친께서는 독실한 불교 신자셨습니다. 어린 우남의 생일날에는 모친께서 시주할 곡물을 등에 지워 절애 보내시어 스님께 인사드리게 했다는 기록도 있습니다. 비록 본인께서는 개신교 장로님 이셨지만 불교에 대해서도 해박한 지식을 가지셨던 우리 건국 대통령이셨습니다. 각 목차에 사건중심으로 질서 정연하게 펼쳐진 목사님의 역사전개 주장에서 특히 반공포로 석방의 역사적 위상과 그 의미는 오늘날 우리 후진들이 꼭 알아야할 역사적 사건입니다. 우남 어르신의 반공포로 석방이 있었으므로 한미방위조약이 체결 될 수 있었고 이 조약이 있었음으로 오늘날 대한민국의 발전이 가능하게 된 것입니다. '대한민국 건국 대통령 이승만의 비전' 이 책이 세상에 선한 결과를 나타나기를 기원합니다.

-대한민국지키기불교도총연합호국승군단장응천스님합장

책자 표제만 봐도 대한민국의 상징,이승만 박사의 건국정신을 보는 것 같다 "뭉치면 살고 흩어지면 죽는다". "자유 아니면 죽음을 달라"고 외치며 대한민국을 건국한 이승만 박사는 대한민국의 자유민주주의와 반공애국정신을 이 땅에 심었고 정착시켰다.그리고 제헌국회 의장으로서 개회 시 이윤영 목사의원의 대표기도로 시작하게 하여 우리나라를 하나님께 먼저 감사와 평화통일,부국강병을 기원하는 기도로 개국하게 하는 기독교 신앙의 본을 보여주셨다

그 뿐만 아니라 이박사의 친미.한미동맹을 바탕으로UN이 공인한 한반도의 유일한 합법정부를 수립하였고 북한 김일성의 불법 남침으로부터도 미국을 비롯한16개국UN군의 참전을 유도하여 우리나라를 굳건히 지켜 오늘의 부국강병 대한민국 건설의 기초와 반석을 튼튼히 놓아주셨다

매국노 역적처럼 매도를 당하고 번듯한 기념관 하나 없이 천대를 받고 있어 너무 안타깝고 송구스럽기 한이 없었다

이러한 절묘절박한 시기에저자의건국대통령 이승만 박사의 과거를 재조명하고이박사의 유언과 미래 비전까지 제시한 귀한 표제의 책이 출간하게 된 것은 오히려 만시지탄의 감이 있으나 천만다행으로 진심으로 축하하고 **자유민주국가를 원하는 모든 국민들이 일독**하여 대한민국이 이박사의 꿈과 비전인 평화통일과 부국강병의 자유민주주의와 진리복음국가가 건설 완전 정착될 수 있도록 우리 모두 함께 공동참여 있기를 간절히 바란다.

특히 이천만의 현역 직장인은 물론 일천만의 은퇴 직장인과 중.고.대학생 및 군 복무중인 예비 직장인들에게도 일독을 권하며 대한민국이 자유민주.진리복음국가가 될 수 있도록 건설하는데 일조가 될 수 있기를 간절히 기대하고 기원하는 바이다!

"보라!내가 새 일을 행하리니 이제 나타낼 것이라!" (사43:19)

-박홍일 사)한국기독교직장선교연합회
세계기독교직장선교연합회 설립 초대회장/명예이사장

추/천/사

독자 여러분!

이승만 대통령청소년 시기부터 서양학문을 받아들이며"모든 사람은 자유롭고 평등하다"하며 '국민은 정부를 선택할 권리를 갖는다"는 자유민주주의 이념을 실천하며 애국 애민 정신으로 우리 민족의 독립과 해방을 위해 항일, 반일 사상이 뼛속까지 채워져 있는 독립운동가인 동시에 애국지사인데, 한국이 낳은 세계적인 인물을 과소평가 또는 "친일파"라고 말도 안되는 주장을 하고 있는 일부 정치인를 비롯한 인사들에게"이 책을 한번 읽어 보라!" 고 적극 추천하는 바이다. 또한 독도가 일본땅이 아니고 한국의 영토라는 것은 일본의 지식인 대부분도 알고 있는 사실인데도 근본적으로 해적 근성을 가지고 있는 일본의 일부 정치인들이 독도가 일본 땅이라고 억지를 부리는데도 우리 정치지도자들은 강력대응을 못하고 있다. 대마도 역시 우리가 수차례 정벌했던 역사적 증빙자료가있는데도 왜 반환요구를 못하는가? 이승만과 같이 확실한 정치 철학과 용기 있는 당당한 인물이 없는지 답답하고 안타까운 심정이다. 또한 오늘의 우리가 선진국 대열에 함께 함께 할수 있는것은 공산주의 김일성이 아닌 이승만이라는 훌륭하고 뛰어난 능력의 소유자인 지도자를 만난것이 얼마나 큰 행운이였나를 새삼 이 책을 통해 재확인 할수 있어 감사하는 바이다.

- 권혁한 일본 시마네대학교 의학박사.
서울대병원 교육연구부 현)한국혈관관리협회 회장

미국의 건국 아버지 조지 워싱턴(George Washington)이다. 그는 미국에서 가장 존경받는 인물이다. 이 책이 주는 가장 큰 교훈은 우리 국민이 오랫동안 잊고 있었던 대한민국 건국의 아버지가 이승만이라고 하는 사실을 명확하게 보여준 것이다.

- 김병규 한미동맹 강화운동본부 총재 북한학 박사

국제정세를 정확히 꿰뚫어 보고 남한만의 대한민국을 건국함으로써 역사의 정통성을 확립한 이승만 대통령의 위대한 업적을 높이 평가해야 한다.
- 임회식 공유경제법인 대표(한국제4차산업혁명 법률협회 부회장)

대한민국 건국 대통령 이승만은 대한제국시절부터 계몽운동과 구국투쟁에 몸을 바쳤습니다. 오늘날 세계 각 나라에 디아스포라 선교한국의 축복은 그의 강인한 시대정신의 결과물로 볼 수 있습니다. 그러나 한국 일부 일각에서 자학사관에 매몰되어 건국정신과 이념을 폄하하고 있는 것은 부인 할 수 없는 사실입니다. 가치관의 혼동과 우리 민족의 가야할 길에 대한 갈등을 겪고 있는 요즈음 노영애박사의 역작을 통해 〈건국 대통령 이승만 박사의 비전〉을 다시 대할 수 있는 것은 반가운 일이 아닐 수 없습니다.
- 인도 박준호 선교사

이 책을 읽으면서 신화 같은 대한민국 건국이야기를 바른 역사알기로 재조명 함으로써 우리나라의 소중함과 자랑스러움을 동시에 일깨워준 것에 감사 드린다.
-조성경 청년 직장인 (주)넷마블

〈대한민국 건국 대통령 이승만의 비전〉 책을 통해 내가 살고 있는 나라가 헬조선이 아닌 해븐조선 임을 알게 되었다.
- grace cho (하은) 에니메이터 청년작가

마지막 죽기 전까지 나라를 걱정한 이승만 대통령을 보면서 나도 애국을 해야겠다는 결심을 하게 됐다. 한국역사에 오아시스 같은 존재. 이승만 대통령님 존경합니다.
-권민채 대학생

목/차

나라가 없다면 어떻게 되겠는가? "슬프다 나라가 없으면 집도 없고 집이 없으면 나와 부모, 처자와 형제, 자매, 그리고 후손들이 어디서 살며 어디로 가겠는가. 그러므로 신분이 높든 낮든 모든 백성의 안녕과 복지는 순전히 나라에 달려있다."

독립정신 이승만대통령의 어록 1904년

01

1875~1904년
이승만의 탄생/청소년기

▲ 한성감옥 수감 당시 왼쪽 끝 사형수복 차림 이승만. 1903년

이승만의 탄생과 격동의 시대

이승만은 1875년(고종12년) 3월 26일 황해도 평산군 마산면 능안골에서 아버지 이경선(1839~1912)과 어머니 김해김씨(1833~1896) 사이에 3남 2녀 중 막내로 태어났다. 형이 두 명 있었지만 이승만이 태어나기 전 홍역으로 모두 사망하여 6대 독자로 자라게 되었다. 부친 이경선은 조선왕조 후손으로 세종대왕의 형인 양녕대군의 15대손이며 태조 이성계의 17대손이다. 양녕대군(태종의 장남)의 16대 대군이 세자 자리를 동생 충녕대군(세종)에게 넘겨주었기 때문에 양녕대군파는 조선시대에 별로 빛을 볼 수 없게 되었다. 5대조부터 벼슬길이 끊겨 왕족의 후손이지만 가세는 어렵게 되었다. 사실상 이승만은 왕족 출신이기는 하지만 몰락한 양반가문의 자녀였던 것이다.

세 살 때 서울로 이사하여 서울 남대문 밖 초가집에서 염동, 낙동을 거쳐 도동의 우수현에서 자랐다. '우남'이라는 호는 서울 남산과 우수현에서 보낸 어린 시절을 생각하여 지은 것으로 알려지고 있다. 이승만은 6세 때 '천자문을 모두 암송했고 또한 '바람은 손이 없어도 나무를 흔들고, 달은 발이 없어도 하늘을 건너간다.'라고 지은 시는 비범하고도 문학적인 재능이 뛰어날 정도로, 어린 승만은 총명하였다.

당시의 대부분의 조선인들은 공자를 시조로 하는 중국의 대표사상인 유교의 가르침을 따랐다. 이승만의 어머니는 삯바느

질을 하는 어려운 형편 속에서도 하나밖에 없는 아들의 출세를 위해 1879년 조선관직에서 퇴직한 조정대신 이건하가 운영하는 낙동 서당에서 공부할 수 있도록 길을 열어주었다. 어린 승만은 어머니의 가난에서 벗어나고자하는 교육에 대한 열의를 즐겨 따랐다. 그리고 1885년 사간원 대사간직을 지낸 이근수가 세운 도동 서당에 입학하여 한학을 배울 수 있었다.

12세가 되던 때 '통감절요' 15권을 마친 뒤 맹자, 논어, 중용, 대학 등 사서를 수학하였으며 18세까지 시경, 서경, 주역 등 삼경을 모두 마치게 되었다. 13세 때부터 과거시험을 수십 차례 응시하였으나 매관매직이라는 불법이 만연함으로 매번 떨어지게 되었다. 그 당시에는 가난한 사람은 뛰어난 실력이 있다 해도 부정과 부패가 심하여, 권력과 금력이 없는 사람은 사실상 과거 시험에 합격하는 것은 불가능했다.

조선의 제26대 국왕이자 대한제국 제1대 고종황제(재위기간

▲ 조선 제26대 왕 고종과 조선 왕실

1863년~1907년) 치하 벽안의 조선은 이런 부조리로 인해 서서히 몰락의 길을 걷고 있었다. 백성들은 오랜 관습적인 봉건제도와 부패로 왕정의 몰락을 지켜볼 수밖에 없었다.

이승만이 태어나던 1875년 전후 조선의 정세는 모든 분야에서 극도로 혼란했다. 세상 밖 외교의 중요성을 깨닫지 못했던 시기였다. 고종의 왕정정치는 봉건제도와 세도정치로 인한 혼란 속에서 기성 종교인 불교와 유교가 제 역할을 하지 못하자 정치적, 사상적으로 심한 갈등과 부패 현상이 나타나기 시작하였다. 조정의 실권자인 고종의 아버지 흥선 대원군(이하응 1820~1898))은 세도정치로 19세기 말 급변하는 세계정세를 따라 잡지 못하는 국수주의자였다. 임진왜란 때 불에 타 270여 년간 방치해 오던 경복궁을 재건하여 왕실의 위엄을 회복하려 하였다. 변화와 개혁보다는 경복궁을 재건하려는 과정 속에서 백성들의 노동력을 착취함으로 그들의 분노를 일으켰다. 중건 비용을 충당하기 위하여, 화폐를 대량 발행하여 화폐 가치는 떨어지고 물가가 폭등하는 바람에 백성들의 삶은 고초와 극심한 빈곤 상태에 이르게 되었다. 이 당시에 외부에서는 영국 상선과 프랑스 함대가 강화도 조선항구에 정박해 개방할 것을 요구하였다. 그러나 잠자고 있던 조선 말기 조정은 상선에 돌멩이와 화살을 던지며 불을 지르고, 도망가면 척화비를 세우며 정신 승리에 만족하는 수준이었다. 옆 나라 일본은 1868년 메이지유신을 통해 정치·경제·문화 전 분야에 근대화를 성공시킨 대사건으로 신식 무기를 도입하여 군사 훈련을 시키고 근대식 교육을 실행함으로써 다가올 미래를 준비하고 있었다. 후에 조선이 멸망할 때 일본은 조선총독부 관리인으로 들어오게 된다. 이로 인해 일제 치하의 비극이 시작된 것이나 마찬가지이다.

조선 내부에서는 기존 권력자들의 횡포가 나날이 더해갔다. 1894년 2월 5일 봄, 전봉준(1894~1895)을 필두로 한 농민군의 봉기가 일어났다. 조선 관리들의 부정과 부패가 사회 혼란을 증폭시키자 고종 19년에 반란이 일어난 것이다. 전라도 고부에서 군수 조병갑의 권력 학정을 참다 못해 관아를 습격하는 사건으로 동학 농민 운동이 일어났다. 갑오년에 일어났기에 갑오농민운동 또는 갑오농님전쟁이라고도 불린다. 전라도와 충청도에서 일어나 조정에서 감당 할 수 없는 수 천 명 넘는 세력으로 커지게 되자. 이에 다급해진 고종은 급히 청나라에 지원군을 요청하였다. 결국 청나라군과 일본군을 끌어 들임으로써 농민 운동 진압 후 청일전쟁의 직접적인 원인이 된다. 청나라군이 아산만에 상륙하자 일본은 만주까지 대륙진입에 야욕을 품고 있었기에 가만히 보고만 있지 않았다. 1884년 고종 21년 갑신정변이 일어났다. 김옥균을 비롯한 급진개혁파가 개화사상을 근간으로 한 최초의 정치개혁이었다. 일본은 조선의 자주독립과 근대화를 목표로 전제 군주제를 바꾸려고 시도한 사건인 갑신정변 후 중국 톈진에서 맺은 톈진조약(1885, 일본과 청나라가 맺은 조약)에 의해 거류민을 보호한다는 명목 하에 지원을 결정하게 되었다. 톈진조약의 진실은 조선 내에서 세력 균형을 위해 일본과 청이 맺은 조약으로 사실상 조선의 정치적 주도권은 청이 장악하고 경제적 영향력은 일본이 잡고 행사하는 것이나 마찬가지였다. 이 조약은 결국 청·일 전쟁의 더 구체적인 구실이 되었고 이 전쟁에서 일본이 승리하자 일본의 세력은 점점 커져만 갔다. 나라가 이렇게 되자 동학 농민 운동은 전국적으로 확대되어 걷잡을 수 없을 만큼 커져만 갔다. 전봉준이 이끄는 호남군과 손병희가 이끄는 호서군, 수만 명은 공주에서 연합군과 싸웠으나 근대식 무기로 훈련을 갖춘 일본군에 패하고야 말았다. 고종은 내란죄로 전봉준을 순창에서 체포하여 사형을 감행할 수밖에 없었다. 일본은 동학 농민 운동의 진압을 이유로 기울어져 가는 조선왕실에 대가를 요구하는 데까지 이르게 되었다. 경복궁 경비라는 미명하에 조선에 합법적으로 주둔하게 된 것이다. 일본은 내정개혁을 도모한다는 명분을 내세워 한반도에 대규모 일본군을 파병하게 된다. 청일전쟁을 일으키고자 계책을 꾸몄던 것이다. 일본은 조선보다 서양 문물을 일찍이 받아들여 과학과 기술, 모든 면에서 발달하였다. 일본으로 산업 시찰을 다녀온 조선의 청년들은 상당히 일본에 대해 우호적이였다. 이승만은 왕실의 변화가 없이는 조선에 어떤 희망도 없음을 알게 되었다.

결국 1894년 6월 동북아시아에서 패권 다툼이 한창이던 이때에 조선의 지배권을 둘러싸고 두 나라가 충돌한 청일전쟁이 일어났다. 일본의 승리로 조선에는 큰 변화의 바람이 불기 시작했다. 소국으로 불리던 일본이 중원의 대국이라는 청나라를 이기면서 조선 땅에는 갑오개혁(조선정부에서 전개한 제도 개혁 운동)이 시작된 것이다. 이로 인해 과거제가 폐지되는 새로운 변화의 바람이 불어온 것이다. 일본은 청일전쟁에서 이기면서 조선정부에 대한 내정관섭을 시작하였다. 궁중에 난입하여 친청민씨정권을 내쫓고 흥선 대원군을 내세워 새로운 정권을 수립하였다. 그 뒤로 개혁추진기구로 군국기무처를 설치하고 영의정 김홍집을 회의 총재로 하여 17명의 개혁파관료들을 임명하여 내정개혁을 실시하였다. 사회제도도 대폭 개편되었고 관습에 대해서도 대대적인 개혁을 단행하였다. 이승만이 19살이 되던 해 갑오개혁으로 인해 과거제도가 폐지되자 가난에서 벗어나 출세할 수 있는 유일한 길이 없어져 삶의 목표를 잃고 방황하게 된다. 나라는 일본의 내정간섭으로 인해 혼란 속으로 빠져들고 있었고 나라 밖에서는 영국과 기타 서양제국주의 세력들이 중국 개방요구와 함께 조선으로 밀려들어오고 있었다. 이때 조선은 기존의 체제를 고수하려는 세력과 근대적 국가를 만들려는 세력 간의 갈등은 피해갈수 없는 동북아시아의 기류였다고 볼 수 있다. 시시각각 변하는 시대의 흐름 속에서 이승만의 갈망은 서양학문과 문물, 그리고 새로운 사상에 대해 더욱 깊게 생각하는 바탕이 되었다.

근대화와 만남 배재학당

이승만은 친구 신긍우의 권유로 배재학당에 다니게 되었다. 1895년 20세에 배재학당에 입학하여 서양학문에 눈을 뜨기 시작하였다. 서양교육을 받는 것에 대해 갈등했지만 새로운 선택이 필요했다. 이 일이 결국 이승만의 인생을 다시 시작하는 계기가 되었고 '대한민국'이라는 새로운 역사를 쓰는 놀라운 변화가 시작된 것이다. 신학문을 통해 진정한 자유의 개념을 배우게 되었다. 모든 사람은 자유롭고 평등하다는 사상과 이념을 가지게 되었다. 그의 회고록 '청년 이승만 자서전'에서 배재학당에서의 학습 기간은 자신의 마음속에 혁명이 일어난 시기였다고 회고하고 있다. "내가 배재학당에 들어간 것은 영어를 배우기 위함이었는데, 난 그곳에서 영어보다 더 귀중한 것을 배우게 되었다. 그것은 정치적 자유의 개념이었다. 자유는 남에게 구속받지 않고 스스로 판단하고 결정하는 주체적인 인간을 말하고, 자조는 스스로 발전하기 위하여 끊임없이 노력하는 것을 말한다. 이러한 정신은 자신이 처한 여러 환경에서 끊임없이 헌신하고 희생하며 섬기고 봉사하는 태도를 갖게 하는 역할을 했다. 나아가 정치적 사회적 측면에서도 개혁과 변화를 추진하는 원동력이 되도록 했다." 배재학당은 신식학교로써 영어, 세계 역사, 신학, 지리, 문학, 음악 등 서구식 정규교육을 가르쳤다. 은둔의 나라 조선의 봉건주의식 교육하고는 개념이 달랐다. 이승만은 입학한지 6개월 만에 배재학당의 초등 영어반의 선생이 될 정도로 탁월하였다. 이승만은 인생에 큰 변화를 일깨워준 정신적 스승이며 사상적 스승인 아펜젤러 선교사를 만나게 되면서 새로운 세계에 비전을 보게되었다.

미국 선교사 헨리 거하드 아펜젤러.H.G.Appenzeller (1858.2.6~1902.6.11)는 펜실베니아 주의 랭카스터의 프랭크린 마샬대학을 거쳐 뉴져지 메디슨의 드류대학에서 신학을 전공하였다. 1884년 고종 22년에 미국의 북감리회 목사로서, 선교회에서 조선으로 파견하는 선교사로 임명되어 아내 D.엘라와 함께 인천 제물포항을 통해 입국하였다. 한국선교회를 창설하고 교육을 위해 작은 학당을 설립했는데 처음에는 2명의 학생을 가르쳤으나 이듬해 학생이 20명으로 늘어나자 조선의 황제 고종은 '배재학당'이라는 이름과 현판을 하사하였다. 고종이 이렇게 관심을 갖게 되자 졸업하면 정부기관에 취직할 수 있을 거라는 기대감으로 과제시험에 낙망한 많은 인재들이 모여들었다. 이에 아펜젤러는 설립목적을 밝히는데 있어 "단순히 통역관을 양성하거나 우리 학교만의 지식을 갖춘 인물을 양성하고 가르치려는 것이 아니라, 자유의 교육을 받은 사람을 내보내려는 것이다."라는 뜻을 전달하였다. '학훈' 역시 그리스도인과 국가 인재 양성을 위하여 일반 학과를 가르치는 것 외에 연설회, 토론회 등을 열고 사상과 자유에 대한 의식변화에 지도를 성실히 하겠다는 의지도 실려 있다. 당시 배재학당에 설치되었던 인쇄부는 한국의 현대식 인쇄기술의 효시가 되었다. 조선에 신식 문명과 문물, 문화의 밑거름이 된 것이다. 우리나라 최초의 근대식 교육기관의 반석을 세운 것이나 다름이 없었다. 이승만은 처음에는 유교사상이 강했던 시절이라 기독교를 하나의 형식적인 종교로 알고 지냈다. 그러나 그는 성실함으로 아침마다 모이는 기독교 예배도 빠짐 없이 참석하였다. 이승만은 배재학당에서 서재필을 만났다. 서재필은 1884년 갑신정변에 가담했다가 실패 후 미국으로 망명하여 혁명가가 된 사람이다. 그는 이승만의 정치사상의 발전에 큰 영향력을 준 사람이었다. 서재필은 귀국 후에 배재학당에서 세계사와 지리, 그리고 자유민주주의와 세계정세를 가르쳤으며 교육만이 백성들을 깨울 수 있다는 세계관으로 일관했다. 서재필은 학생들에게 토론회를 조직할 것을 권유했다. 1896년 11월 30일 배재학당 안에서 '협성회'가 탄생됐다. 협성회는 서재필의 강의에 감명을

▲ 아펜젤러가 설립한 우리나라의 최초의 서양식 근대교육기관 배재학당

받은 13명이 중심이 되어 결성되었다, 토론회 주요 안건은 국한문 혼용, 양복 착용, 부녀자 교육, 병역 참여, 자주독립, 자립경제, 자주외교 등 계몽적인 주제에 위한 정치·경제·사회·문화 다방면에서 48회 이상 토론회를 실시하였다. 봉건주의 조선에서 획기적인 교육의 변화였다. 나중에는 회원수가 300명 이상이 넘을 정도로 확대되어가자 학생단체에서 시민단체로 확산되어갔다. 협성회에서 이승만은 서기로 적극적으로 활동하게 되었고 토론과 연설을 좋아하는 그의 열정은 정치의식이 자리를 잡아가는 데 기름과 같은 원동력이 되었다. '협성회보' 창간호부터 그는 논설과 기사로 신학문에서 배운 것을 토대로 벽안의 조선을 계몽하기에 최선을 다하게 되었다. 토론회에 대한 관심이 확대되어가자 1898년 1월 1일부터 주간시문인 '협성회회보'로 시작했는데 후에 이것은 일간지로 바뀌게 되었다. 시작은 미약하였으나 나중은 민족의 여론을 밝히고 민족계몽을 이끄는 데 큰 역할을 하게 된 것이다.

자유민주주의에 눈을 뜨다

1897년 7월 오랫동안 전통과 관습에 매여 있던 조선 땅에서 서양식 학교의 졸업식이 세간의 집중과 함께 거행되었다. 우리나라 최초의 서양식 교회건물인 정동교회에서 시작되었다. 이날 행사에는 조정의 대신들과 미국공사와, 영국 총영사, 귀빈

600명 이상이 자리를 가득 채웠다. 졸업식 연사는 당시에 저명한 인사들이었다. 조정의 대신들과 외교부대신, 개화파의 거목 서재필, 미국공사 등이 순서대로 연단에 올랐다. 이승만은 당시 22세로 배재학당 졸업생 대표로 연단에 올랐다. 한국의 독립(The Independent of Korea)이라는 제목으로 확고한 신념으로 가득 찬 유창한 영어 실력으로 장내를 압도하였다. 배재학당에서 배운 내용과 그의 사상이 조합된 '모든 사람은 자유롭고 평등하다'는 자유주의 사상과 '국민은 정부를 선택할 권리를 갖는다.'는 자유민주주의에 대하여, 그리고 자유, 평등, 민권 등의 근대적 정치이념을 깨우치면서 알게 된 것들과 조선 왕조의 군주제와 신분제 등 봉건제도의 폐단을 강하게 주장하는 내용이었다. 이승만은 이때 배재학당에서 배운 이념을 실천하는 혁명가, 정치인으로 활동하는 계기가 된 것이다. 참석한 조정의 고

▲ 미국선교사 헨리 거하드 아펜젤러
(H.G Appenzeller(1958.2.6~1902.6.11))

관들과 주한 외국 사절들로부터 감동의 박수와 놀랄 만큼의 관심을 받았다. 훗날 이승만의 정치 고문가로 활약한 펜실베니아 주립대학 교수 로버트 올리버(Robert T, Oliver 1909~2000)와 서재필이 나눈 대화록을 보면 제자 이승만의 성장에 대해 이렇게 감탄했다고 적혀 있다. "그는 스무 살 남짓한 젊은이었으나 매우 진지하고 야망에 차 있었다. 나는 그에게 만일 그의 생애를 한국 민중의 복지를 위하여 바치기로 원한다면 먼저 유럽이나 미국에 가서 교양교육을 받고 지도력을 갖출 준비를 해야 한다."고 말했다.

1898년 3월 이승만은 꺼져가는 조선을 한글시를 발표했다.

▲ 서당시절 부친 경선공과 함께 직은 사진 오른쪽인 18세 청년 이승만이고
왼쪽은 서당 친구 김흥서. 1893년

고목가 (An old tree songs)

슬프다 저 나무 다 늙었네

병들고 썩어서 반만 섰네

심악한 비바람 이리 저리 급히 쳐

몇 백 년 큰 남기 오늘 위태

원수의 딱짝새 밑을 조네

미욱한 저 새야 조지 마라

조고 또 조다가 고목이 부러지면

네 처자 네 몸은 어디 의지

버티세 버티세, 저 고목을

뿌리만 굳박혀 반근 되면

새 가지 새 잎이 다시 영화 봄 되면

강근이 자란 뒤 풍우 불외

쏘아라, 저 포수 딱짝새를

원수의 저 미물, 남글 쪼아

비바람을 도와 위망을 재촉하여

넘어지게 하니 어찌 할까?

▲ 사진: 선릉 은행나무
수령: 약 500년 노거수제160호

기운이 다 되어 가는 조선을 고목나무로 비유하고 딱따구리 새는 친러파 관리들을 표현했다. 러시아의 야욕을 비바람에 은유했으며 자신과 같은 자유 투사들을 포수로 지칭했다. 이 시는 근대시로써 애국시의 시작이었다.

또한 언더우드(1885년 4월 5일 한국을 찾아온 최초의 선교사)는 구한말 우상숭배와 씨족과 혈연, 지배계급신분과 남녀차별과 빈곤으로 허덕이던 조선 땅에서 복음을 전하였다. 새문안교회 설립자이며 연세대학교의 전신인 연희전문설립자이며 병원사역 및 출판사역을 하였다. 언더우드 선교사의 기도문을 보면 이 당시의 조선을 잘 볼 수 있다.

보이지 않는 조선의 마음

언더우드 선교사의 기도(1885~1916)

주여! 지금은 아무것도 보이지 않습니다.
주님! 메마르고 가난한 이곳 조선 땅
나무 한 그루 시원하게 자라 오르지 못하고 있는
이 땅에 저희들을 옮겨와 심으셨습니다.

그 넓고 넓은 태평양을 어떻게 건너왔는지
그 사실 자체가 기적입니다.
지금은 아무것도 보이지 않습니다.

보이는 것은 그저 고집스럽게 얼룩진 어두움뿐…….
어둠과 가난과 인습에 묶여 있는 조선 사람뿐입니다.

그들은 왜 묶여 있는지도

고통이라는 것도 모르고 있습니다.

고통이 고통인 것을 모르는 자에게

고통을 벗겨주겠다고 하면 의심부터 하고 화를 냅니다,

조선남자들의 속셈이 보이지 않습니다.

이 나라 조정의 내심도 보이지 않습니다.

가마를 타고 다니는 여자들을

영영 볼 기회가 없으면 어쩌나 합니다.

조선의 마음이 전혀 보이지 않습니다.

그리고 우리가 해야 할 일이 전혀 보이지 않습니다.

그러나 주님 순종하겠습니다.

겸손하게 순종할 때 주님이 일을 시작하시고

그 하시는 일을

우리들의 영적인 눈으로 볼 수 있는 날이 있을 줄 믿나이다.

믿음은 바라는 것들의 실상이요

보지 못하는 것들의 증거니 라고 하신 말씀을 따라

조선의 믿음의 앞날을 볼 수 있게 될 것을 분명 믿습니다.

지금은 우리가 황무지 위에

맨손으로 서 있는 것 같사오나

지금은 우리가 서양귀신 양귀신 이라고

손가락질을 받고 있사오나

자녀들이 우리 영혼과 하나인 것을 깨닫고

하늘나라의 한 백성 한 자녀임을 알고

눈물로 기뻐할 날을 믿나이다.

지금은 예배드릴 예배당도 없고 학교도 없고

그저 이곳 모든 사람들로부터

경계와 의심과 멸시와 천대함이 가득한 곳이지만

이곳이 머지않아 은총의 땅이 되리라는 것을 믿습니다.

주여! 오직 제 믿음을 붙잡아 주소서 아멘!

계몽운동가, 언론인, 연설가 청년 이승만

1897년 배재학당을 졸업하고 1898년 4월 9일 나라의 미래
를 걱정하며 개화 및 구국 운동에 전념하기위해 만든 '협성회'

▲ 이승만이 논설위원격으로 편집을 맡았던 〈협성회회보〉 창간호

라는 모임을 통해 확대된 '협성회 회보'라는 주간신문을 탈피하여 우리나라 최초 일간지 '매일신문'이 발전되었다. 이승만은 급변하는 시대, 격동의 시대에 일간신문의 중요성을 깨닫고 우리나라 최초의 일간지 '매일신문'을 창간하게 되었다. 이후에 '제국신문'까지 만들면서 기자로서도 활약을 하였다. 사장에는 양흥묵, 기자에는 이승만과 최정식, 회계에 유영석 등과 함께 책임편집자가 되어 논설을 쓰면서 언론인으로 발걸음을 시작하였다.

이승만은 자신의 비망록에 이렇게 적고 있다.

"나는 배재학당에서 다른 이들과 함께 '협성회보'를 시작했고 편집인으로 선출되었습니다. 정부 장관들을 포함해 나라의 여러 사안들을 비판하였던 이 자그마한 학교신문은 일반인들의 주목을 받게 되었습니다. 그러자 학교에 무리를 일으키게 되자 아펜젤러 교장이 앞으로 신문을 낼 때는 사전에 검열을 받으라 하였습니다. 그래서 우리는 학교를 벗어나서 신문을 내기로 했습니다. 유영석과 내가 우리나라 최초로 일간신문을 시작했습니다. 우리는 이 일간지를 통해 자유와 평등에 대해 연설을 했습니다. 주변 사람들은 만약 내가 급진주의적 사상을 지속되면 오래 살지 못할 것이라고 경고를 주었지만 그 신문은 계속 출판되었습니다."

이승만이 계속해서 신문을 발행했던 이유는 주변 강대국들에게 이권을 빼앗기고 나라가 점점 어려워지자 그 내용을 국민에게 알리고 깨우치기 위함이었다. 이승만은 이때부터 부패한 나라를 새롭게 하는 해결방법은 자유민주주의를 사상과 이론으로 실천해야 함을 깊이 깨닫게 되었다. 꺼져가는 나라를 살리기 위한 애국운동으로 서서히 힘을 실어가고 있었다. 매일신문은 정부의 부정과 부패, 잘못된 정책을 과감 없이 비판하며 특히 해외뉴스에서 러시아와 프랑스가 조선의 이권을 요구한 외교문서의 내용을 폭로한 기사를 실었다. 이런 내용의 기사는 정부와 국민을 당황하게도 했으며 놀라게도 했다. 그러나 러시아와 프랑스의 자국 이권에 유리한 국내 사업권을 신랄하게 비판함으로써 결국 포기하게 만들었다. 우리나라 신문을 통해 외세 침략을 견제한 최초의 외교적 성과였다. 이것은 열강의 이권 침탈에 저항하는 선례를 만든 것이다.

1898년 8월 30일 제국신문에는 일본인들의 만행을 보도했다. 일본들이 서울 한복판에서 조선 사람에게 마구 칼질을 했는데 사람들이 피 흘리는 사람을 보자 많은 인파가 모여들었다. 조선 순경이 왔지만 보고만 있을 수밖에 없었다. 그 이유가 가해자가 기세등등한 일본인이었던 것이다. 심지어 일본 경찰이 와서 '감히 대일본제국의 백성의 심기를 불편하게 했다'는 이유로 칼에 맞아 피 흘리는 조선 사람을 잡아갔다. 이에 이승만은 신랄한 비판의 기사를 내보냈다. 당시 일본인들은 치외법권의 보호를 받고 있어서 대한제국 정부는 이를 방치 아닌 방치로 수사를 마무리할 수밖에 없었다. 조정과 일본이 맺은 이러한 불평등조약에 이승만은 외세 침탈의 부당성을 지적하면서 주권을 빼앗긴 힘 없는 나라, 백성들의 대변인이 된 기사로 백성들을 위로하고 새로운 비젼을 제시하는 독립의 필요성을 신문기사로 알리고 있었다.

1898년 3월 10일, 보신각 옆에서 개화파의 중심이었던 '독립협회' 주최로 우리나라 최초의 대중 집회가 열렸다. 종로 백목전 부근에서 민간인들과 함께 모였다. 외세의 배격과 의회 설립 등을 주장하는 '만민공동회'의 명칭은 1898년 3월 12일 독립신문에 처음으로 등장하였다. 그곳에서 '만민공동회'라는 우리나라 최초의 집회이자 고종과 개혁파 대립의 장으로 기록하고 있다. 독립협회서 활동하던 언론인으로서의 이승만, 당시에 명연사였던 윤치호, 서재필, 이상재와 연설가로서 1만 명이 넘는 군중들로 거리가 가득 찼다. 이승만은 하급관료, 유학파, 교사와 학생, 상인들까지 러시아의 침략정책을 규탄하는 일반 대중들 앞에서 서게 되었다. 젊은 무명의 연사였지만 강한 카리스마와 어조로 열강의 이권침탈을 규탄하는 열변을 토하기 시작했다.

"땅을 아주 주는 것이 아니라 빌리는 것이기 때문에 괜찮다고 하지만 만일 남이 나와 정이 있다고 내 물건을 달라고 한다면 그 사람은 내 친구가 아니라 곧 나를 꾀어 물건을 탈취하려는 도적이나 마찬가지 아닙니까?" 이렇게 정부의 친러 정책과 일본을 향한 비자주적 외교에 반대하여 일어난 '만민공동회'는 러시아의 절영도 저탄소(현재 부산 영도) 조차권(특별한 합의에 따라 영토의 일부를 빌려 일정한 기간 동안 통치하는 일)을 반대하고 규탄하였다. 그 결과로 러시아 정부는 군사고문, 경제고문을 철수하게 되었다. 만민공동회 집회 사건은 정부 관료와 서울 주재 외교관들 인식에 큰 충격을 주었고 대한제국은 절영도 조차권을 거부하기에 이르렀다. 이에 따라 러시아는 절영도 대신 청국의 요동반도로 해군기지를 이동하기로 결정하였다. 또한 재정고문과 군사교관의 철수를 통보했으며 한러은행도 철폐한다고 발표했다.

이승만은 이후 '만민공동회'의 중심이 되어 국권수호와 국정 개혁을 강조하였다. 외세의 이권침탈과 영토침략 야욕을 규탄하는 언론인 혁명가, 이승만의 행동은 고종에게 큰 부담이었다. 또한 이런 개혁운동은 자신들의 위치를 위협한다고 느낀 수구세력들이 급기야 반격을 하기 시작했다. 조병식을 비롯한

▲ 〈독립신문〉. 최초로 발간된 민간 신문이자 한글·영문판 신문(1896년 4월 창간)

수구파 세력들은 '황국협회'를 선동해 군주제를 폐지하고 공화제를 도입하려는 독립협회를 공격하였다. 고종은 독립협회 간부들을 역적모의라는 죄명으로 투옥시켰다. 이에 분개한 독립협회 회원들은 1898년 11월 4일 이승만이 주도하는 서울 덕수궁 앞 철야집회에서 독립협회 간부를 석방하라는 시위를 벌였다. 시위가 점점 거세지자 고종은 독립협회 지도자들을 모두 석방하는 한편 개화파인 민영환(1861~1905)으로 새 내각을 구성했다. 그러나 시위는 더 강하게 일어났고 더 철저한 개혁을 요구하게 되자 고종은 '황국협회' 소속의 보부상들을 동원해 군중시위를 해산시켰다. 그러나 이승만은 쉬지 않고 정권의 부패 개혁을 요구하며 쓰러져 가는 나라를 새롭게 변화시켜야 한다는 사명감으로 가두연설을 쉬지 않았다, 용산에서 동료 김덕구가 피살되면서 시위는 더욱더 커져만 갔다. 시위가 4일 연속되자 위기를 느낀 고종이 시위대를 달래기 위해 황제의 자문기관인 중추원 50명 중 독립협회 17명을 회원으로 임명하였다. 중추원의 부의장에 윤치호가 임명되고 23세의 청년 이승만은 종9품인 대한제국 의원이 되었다. 이때 일본으로 망명한 박영효를 포함한 개화파들의 등용을 요구하였다. 박영효는 갑신정변(전제 군주제를 바꾸려는 정치개혁을 최초로 시도한 사건)을 일으킨 인물로서 조선정부로서는 역적이므로 고종은 더 이상 참을 수가 없게 되자, 12월 21일 칙령을 내려 중추원을 해산하게 하면서 독립협회 출신들을 체포하게 된다. 이승만은 중추원에서 파면되고 고종 폐위와 공화정부를 세우려했다는 반정부음모의 공범자로 기소되었다. 이승만은 남대문 근처에 있었던 미국인 선교사 제중원(고종22년 최초의 서양식 국립병원) 원장 에베슨 선교사의 집에 숨었지만 1899년 1월 고종 폐위 사건에 연루되어 끝내 체포되고 말았다. 그때의 심경을 그의 회고록에 이렇게 기록하고 있다. "나는 감옥으로 끌려갔다. 그때 나는 감옥으로 끌려가기 전에 얼마나 죽고 싶었는지 모른다. 나에 대한 사무치는 원한을 뿜어내는 그들은 마치 성난 짐승들 같았다." 한성감옥에 수감된 이승만은 법정 최고형인 사형을 받았다. 극심한 고문으로 죽었다고 소문이 나기도 했다. 선교사들이 감옥으로 찾아와 위로와 석방을 위해 함께 기도하는 잠깐의 시간만이 허용될 정도였다. 투옥과 출옥의 연속된 재수감과 3번의 감형, 5년 8개월의 감옥생활은 피 끓는 젊은 청년 이승만의 강한 자유와 공의, 정의를 추구하는 역사의식 속에서 파란만장한 근대사의 변화를 읽을 수가 있다.

한성감옥에서 만난 하나님

조선의 중한 죄수들만을 가둔다는 한성감옥에 갇히게 된 이승만. 그는 그곳에 도착했을 때 과연 조선의 미래를 어떻게 생각하게 되었을까? 그의 투철한 신념은 오직 자유와 민주주의에 의한 조선의 개화였지만, 사방이 1m도 되지 않는 좁은 공간에서 온몸에 포승줄로 묶인 채, 극심한 고문을 당하며 언제 죽을지 모르는 사형수가 되어 하루하루를 힘겹게 보내게 되었다. 함께 혁명을 꿈꾸며 달려온 동지들이 한사람씩 죽음의 형장에서 시체로 사라지는 것을 지켜보면서 개혁의 꿈과 희망 마저도 지옥 같은 한성 감옥에서 과연 살아 나갈수 있을까? 라는 절망에 빠지게 되었다.

조선에서 활동하고 있었던 선교사들은 탁월한 이승만을 포기할 수 없었다. 그를 통해서 미래 조선의 땅의 비젼을 보게 된 것이다. 이런 이승만을 위해 선교사들은 조용히 하나님께 기도를 드렸다. 그리고 조선을 복음화하려면 이승만을 개종시켜야 한다고 생각했다. 차가운 감옥에 성경책을 전해주었다. 조선의 개화는 시대를 분별하고 미래를 준비하는 사람을 통해 일할 수 있다는 확신을 가지게 된 것이다.

1899년 이승만은 지식적이고 이성적으로만 알고 있었던 주님을 인격적으로 만나는 경험을 하게 된다. 한 겨울의 추운 어느 날, 기독교로 개종하게 되는 신비한 체험을 하게 된 것이다. 감옥에서 온갖 혹독한 고문을 당하고 제대로 먹지도 못해 허약해지고 희망이라곤 찾아 볼 수도 없었다. 지친 몸을 겨우 버티며 온힘을 다하여 기도를 드렸다. 그동안은 이렇다 할 신앙체험도 없었으나 이승만은 절망과 죽음뿐인 벼랑 끝에서 예수님께 엎드려 간절한 기도를 드렸다. 평생 처음으로 감옥에서 드린 기도였다고 그의 회고록에 "오! 하나님 나의 영혼을 구해주옵소서, 오! 하나님 우리나라를 구해 주옵소서." 기도를 하면서 "그 동안 선교사들과 그들의 종교에 대해서 갖고 있었던 증오감과 그들에 대한 불신감이 눈 녹듯이 사라졌다."라고 말하고 있다. 그리고 또 이렇게 말하고 있다. 기도를 드린 후 성경책을 품에 안은 채 쓰러져 잠이 들었다. 잠에서 깨어나 보니 싸늘한 감옥이 따스한 온기로 가득 차 있는 신기한 체험을 하게 되었다. 어릴 적 어머니가 품에 안아 주던 그 사랑의 온기가 감옥 안이 따스한 온기로 가득함은 세상이 줄 수 없는 하늘의 평안이었다. 절망과 좌절이 더 이상 짐으로 여겨지지 않고 기쁨으로 바뀌는 놀라운 영적 체험을 하게 된 것이다. 이승만의 마음은 절망에서 희망으로 가득 차게 되었다. 이로 인해 이승만은 늘 신비한 체험을 말하며 전도에 힘을 쏟았다. 항상 한성감옥을 방문하여 성경공부와 위로와 격려로 변함없이 도와준 아펜젤러 선교사, 그리고 지식적인 개화사상을 구체적으로 도와준 언더우드 선교사, 교육의 근대화의 필요를 일깨워준 디지엘 벙커 목사, 게일 등 모두 이승만의 개종에 감탄을 감출 수가 없었다. 특히 게일은 한성감옥이 어떻게 변화됐는지를 전환기의 한국(Korea in Transition)에 대해 다음과 같이 전하고 있다. "벙커 목사와 그의 부인이 정규적으로 방문한 그들의 감옥은 처음에는 탐구의 방(an inquiry room)이었다가 기도의 집(a house of prayer)이 되었고 나중에는 예배를 드리는 곳(a chapel for religious exercises)이 되었으며, 신학 홀(a theological hall)이 되기도 하였다. 이것이 마무리되자 하나님은 그들을 감옥 밖으로 내보내셨고 일하도록 하셨다." 1910년 미국 감리교회에서 한국선교 25주년 행사가 열렸다. 한국에 동대문 교회를 건축하기로 하고 기금을 마련했으며 벙커 목사는 동대문교회에 매달 종을 손수 제작함으로 한국선교 25주년 기념종이 생겼다. 3.1운동 당시 고종의 장례식에 참석하기 위해 모인 백성들은 벙커가 만든 종소리에 동요되어 3.1만세운동에 가담하게 됐다는 증언이 많았다. 벙커의 종은 조선의 무지를 깨우고. 어둠을 몰아내고. 억압에서 자유를 울리는 희망의 종이었다. 1932년 11월 28일 선교를 마치고 고국에서 생을 마감하기 전 "나의 유골이나마 조선 땅에 묻어 달라."는 유언에 따라 부인 애니 엘리스는 남편의 유해를 안고 한국에 왔다. 벙커의 유해는 합정동 양화진 외국인 선교사 제1묘역에 안장되었다. 묘비에는 날이 새이고 흑암이 물러 갈 때까지 (Until the day dawn the shadows free away) 라는 구절이 새겨져 있다. 한성감옥은 이런 헌신적인 섬김으로 인해 이승만과 함께 옥살이를 하는 동료들이 하나, 둘 계속해서 기독교인으로 개종되어 갔다. 1년에 한 명도 전도하기 힘든 그때에 그 짧은 시간에 큰 전도 열매가 있었다. 그 당시에 개종은 가정과 사회에서 간직접적으로 분리를 선언하는 것이나 마찬가지였다. 1902년 콜레라 전염병이 조선을 덮치고 2만3천 명이 죽어 나갔다. 한성감옥에 들어 왔을 때 그 누구보다도 앞장서서 이승만은 헌신적으로 환자들을 돌봐주고 물을 떠다 주는 등 간수들도 하지 못하는 봉사정신으로 언제나 죄수들의 복지를 도왔다. 그는 시간이 나는 대로 죄수들에게 성경을 가르치며 섬기는 일을 게을리 하지 않았다. 그 모습을 보고 간수들도 감동을 하게 되었다. 그렇게 한성감옥에서만 40명이 넘는 기독교 신자를 얻는 놀라운 업적은 기적 그 자체였다. 선교사들은 이승만을 더욱 신뢰하게 되었다. 그도 그럴 것이 조상 대대로 유교와 불교밖에 모르던 조선 땅에서 기독교로의 개종은 일 년에 한명 나올까 말까한 분위기였기 때문이었다. 아버지 이경선은 아들이 죽은 줄 알고 시체라도 찾으러 감옥에 갈 때도 있었다. 훗날 이승만이 기독교로 개종한 사실을 알고 "서양귀신이 붙어서 집안이 망했다."고 하면서 "지금이라도 늦지 않았으니 고종에게 사과하고 정신 차리라."고 호통을 치기도 했다고 한다. 어머니 박 씨도 "조정에서 와서 집을 다 뒤지고 먹을 것이 없어 굶는 날이 많아지고 있다."고 눈물로 외아들 이승만을 붙들고 하소연했다고 한다. 누가 청년 이승만의 마음을 알까? 그럴수록 마음을 다잡고 우리 민족이 나아갈 길을 다짐했다. 이런 결의에 찬 승만을 보고 힐버트 선교사는 "네가 꿈꾸는 세상을 이루려면 모든 비밀은 성경에 있으니 성경을 읽으라."고 권면과 함께 용기를 더하였다. 또한 미국 선교사들은 성경책과 함께 미국의 영문 잡지인 'Out lock'과 많은 역사책을 넣어 주었다. 이 책들 속에서 나오는 기독교사상과 자유사상은 폐쇄적이고 부패한 나라를 혁신하고 있는 지혜와 지식, 그리고 세계관을 볼 수 있고 이승만의 나라에 대한 충심을 확고한 마음의 역할을 하기에 충분했다. 이승만은 본인의 지식만을 쌓은 것에 만족하지 않고 감옥소장에게 옥중학당을 만들어 줄 것을 요구했고 그로 인해 옥중도서관까지 생기는 일이 일어났다.

이승만은 투옥 중 '만국공법', '청일전기' 등을 번역하기도 했다.

또한 겨레의 아픔과 무료함을 달래기 위해 여러 편의 한시를 지으며 스스로 위안을 삼기도 했다. 그리고 우리나라 최초 영한사전을 만들기 위해 열악한 상황에서도 집필을 시작했다. 그러나 미완성으로 이어지는 일이 생겼다. 1904년 2월 러일전쟁이 터졌다는 소식이 들렸다. 이에 이승만은 영한사전 집필을 그만 두고 러일전쟁에서 이기는 나라가 식민지가 될 것이라는 확신 때문에 '독립정신'이라는 책을 통해 다시 한번 민중계몽을 위해 4개월 만에 책의 내용을 정리하게 된다. 로버트 박사가 '한국의 정치 바이블'이라고 말할 정도로 국제적 안목을 가진

▲ 감옥에 갇힌 이승만을 면회하는 언더우드 선교사
프랑스인 장드 팡스의 저서 "한국에서~1904"에 실린 사진

책 이었다. 이 책의 주요 내용은 조선의 자주독립을 위해 백성의 의식을 교육으로 깨워 빼앗긴 국권을 되찾을 것과 문호개방을 통한 부국강병의 필요성을 강조한 내용을 담고 있다. 이 책은 이승만이 출옥하여 미국으로 건너가 1910년 2월 10일 L.A에서 정식으로 출간 됐다. 탈고한지 6년 만에 조선이 아닌 미국에서 출판하게 된 것이다. 이것이 훗날 이승만의 기독교 입국론의 의지의 바탕이 된 것이다. 일본군은 러일전쟁으로 서울을 강제로 점령하게 되었다는 내용과 함께 더 구체적으로는 정치제도 개선으로 전제 군주제를 입헌군주제로 바꿀 것과. 자유와 주권을 소중히 여기고 우리보다 앞서있는 미국과 영국을 표본으로, 하루빨리 대외개방정책으로 문호를 개방하여 경제적으로 상업과 공업, 무역을 통한 부강한 나라로 새로운 문물로 국가체제를 바꿔야 한다는 내용이 담겨 있다. 비밀리에 썼기에 종이에 글을 쓴 다음 노끈처럼 꼬아서 만든 후 세상 밖으로 나오게 되었다. 책 후반부에 29세의 청년이승만의 나라를 사랑하는 순수한 고백이 기록되어 있다. "대통령을 포함한 정치지도자들의 정신이 썩었다 해도 국민의 의식만 깨어 있다면 염려할 바가 없다. 목숨을 바칠 각오로 대한제국의 자유와 조국을 나 혼자라도 지키며, 우리 2천만 동포 중 1만 9천 9백 99명이 머리를 숙이거나 죽임을 당한 후, 나 혼자라도 태극기를 받들어 머리를 높이 들고 앞으로 나가며 한 걸음도 뒤로 물러나지 않을 것을 각자 마음속에 맹세하고 다시 맹세하고 천만 번 맹세합시다."

"내가 1905년 미국에 처음 왔을 때 느꼈던 첫 인상 중에 그 후에 도 생각하지 않을 수 없었던 것은 나의 나라와 미국과의 대조이 다. 물질적인 진보. 현대적 발명. 고층건물 등등, 그런 따위의 대조 보다도 우리나라에서 가장 싼 인명과 노동력이 가장 비싸다는 것 이다."

이승만의 자서전 중

02

1905~1914년
한성감옥출옥/
미국유학

▲ 하버드대학 시절의 이승만(뒷줄 왼쪽 끝)과 동급생들. 가운데 앉은 이는 국세법 담당 객원교수 월슨 1907년

한성감옥출옥과 미국유학

1904년 8월 7일 이승만은 한성감옥에서 특사로 풀려났다. 기적 같은 일이 일어나게 된 것은 선교사들과 애국자들의 도움이 한몫을 했다. 아관파천사건(고종의 러시아 공관피신) 때에 헌신적으로 고종의 생명을 자기생명처럼 지키고 보호한 선교사들의 간청을 고종은 외면할 수 없었다. 이구동성으로 고종에게 말했다. "이승만이라는 조선의 인재를 평생 감옥에서 썩히는 것은 국가적인 손실입니다. 나라의 장래를 위해 감옥에서 살려주십시오." 또한 여러 곳에서도 이승만의 구명활동을 통해 사형에서 무기 징역으로, 그리고 징역 10년으로 형량이 줄어들게 되었다. 선교사들은 이승만이 더 넓은 세계에서 높은 뜻을 펼치기를 원하여 강력히 미국 유학을 권했다. 이승만 역시 전제군주제 아래서는 희망이 없음을 알고 유학을 결정하게 된다.

▲ 이승만이 1904년 미국으로 떠나기 전 아버지 경선공을 모시고 찍은 가족사진

이때 러일전쟁은 한창이었고 실상은 대한제국을 일본 손에 넘기는 전쟁이었다. 대한제국은 제1차 한일협약으로 사실상 일본에게 넘어간 상황이었다.

　1882년 조선과 미국이 맺은 '조미수호통상조약'은 조선이 제3국으로 부당한 침략을 받을 경우 미국은 즉각 개입하여 거중조정(국가 등 제3자의 권고로 평화적으로 해결)을 함으로써 '조선의 안보를 보장 한다'는 조항을 근거로 미국의 도움을 요청하려 했다. 정부의 요주 인물로 부담으로 여겨졌던 이승만이 미국으로 간다는 소식을 들은 고종 황제는 급박하게 흘러가는 국제정세와 다급해진 국내정세를 피할 수 없게 되자 영어에 능통한 이승만을 최고의 인재로 인정할 수밖에 없었다. 밀사의 임무를 맡기려고 궁중 대신을 보냈지만 이승만은 고종을 만나주지 않았다. 이에 이승만의 실력과 애국정신을 귀하게 여기던 법무대신 민영환과 참정대신 민규설의 요청을 받아들여, 황제의 밀사가 아닌 정부의 밀사로 미국으로 떠나게 된다. 이 당시 이승만의 미국행은 신문에 보도될 만큼 관심과 주요한 사안이었다. 그 예로 대표신문이었던 '대한매일신보' 영문 판은 "최근에 정간당한 제국신문의 주간 이승만은 미국을 방문하기 위해 출국했다. 그는 3년 동안 떠나 있을 예정이다."라고 보도했다. '황성신문' 역시 "이승만이 유람 차 미국으로 떠난다."라고 보도했다. 1904년 11월 4일 조국을 떠나는 그의 가방에는 조선 왕실의 법무대신 민영환이 써준 밀서와 미국유학을 위해 선교사들이 써준 추천서 여러 장이 함께 들어 있었다. 죄수로 있었던 한성감옥에서 출옥한지 3개월 만에 조국의 독립을 위한 극적인 일들이 그의 앞길에 준비되어 있었다. 이승만은 일본 고베를 경유해 하와이에 도착했다. 윤병구 목사(1887~1949)와 교포들의 환대를 받았다. 윤병구 목사는 대한인국민회 중앙총회장을 두 번이나 역임하고 외교활동에 탁월한 능력을 발휘한 한인사회지도자이자 이민목회자였다. 교민들은 러일전쟁에서 승리한 일본이 전국도처에서 착취와 탄압으로 생활이 어려워지자 겔릭호를 타고 첫 번째 102명이 하와이로 온 노동이민자들이었다. 후에 총 7,483명으로 숫자가 늘어 갔다. 교포들은 나라

▲ 조지 워싱턴 대학을 졸업하던 해 여름 정장을 하고 포즈를 취했다.(1907년)

잃은 민족의 슬픔을 안고 하와이 사탕수수밭에서, 파인애플농장에서, 광산에서 고된 노역으로 이민생활을 이어가고 있었다. 이승만은 지친 동포들을 위로하며 조국의 현실과 비젼을 격양된 어조로 밤이 깊어가는 줄도 모르고 연설을 했다. 서로 헤어질 때는 나라 잃은 설움을 달래며 스코틀랜드 민요 '올드 랭 사인'(Auld Lang Syne)의 곡조에 가사를 붙인 '애국가'를 부르며 함께 눈물을 흘렸다고 한다.

이승만은 하와이를 떠나 미국 본토 샌프란시스코와 로스앤젤레스, 시카고를 거쳐 수도 워싱턴에 도착했다. 1905년 2월 20일 존 헤이(John Hay) 미 국무장관을 만나 "미국정부는 조미조약에 명시된 제반의무를 전력으로 이행하겠다."고 선언했다. 이승만은 이 기쁜 소식을 제일 먼저 고국에 전달했다. 그러나 어렵게 만든 이 일은 성사되지 못했다. 왜냐하면 그해 7월에 존 헤이 국무장관이 갑자기 병사로 사망하면서 물거품이 됐다. 그러나 이승만은 포기하지 않았다. 하와이 호놀룰루에서 윤병구 목사는 이승만과 미국 역대 최연소 대통령 시어도어 루스벨트 (1858~1919)와의 만남을 주선하기 위해 백방으로 힘쓰고 있었다. 이승만이 부탁한 하와이 교민 4,000명의 독립보존청원서를 가지고 이승만이 있는 워싱턴으로 왔다. 반드시 만나야 하는 절박한 이유는 러시아와 일본 사이에 끼어 있는 조선의 독립보전을 부탁해야 하는 것이었다.

루스벨트대통령과 만남

1905년 8월 4일 뉴욕의 롱아일랜드에 있는 사가모어 힐 별장에서 루스벨트 대통령을 만났다. 이승만은 이 자리에서 "미국정부는 대한제국의 독립을 협력해야 할 의무가 있으며 이번 강화의회에서 그 의무를 이행해 달라."고 강한 어조로 부탁했다. 루스벨트 대통령은 하와이 교민들의 청원서를 훑어보고는 "정식 외교 채널을 통해 청원서를 제출하면 강화회의에서 제안을 하겠다."고 만 대답했다.

1905년 7월 29일 '미국은 러일전쟁 후 조선을 일본의 보호국으로 만드는데 동의한다'고 일본 도쿄에서 '가쓰라-태프트' 협약(pact)이 아닌 상호 대화를 통한 밀약을 이미 맺은 상태였다. 이 밀약의 내용은 서명된 문서나 조약의 형태가 아닌 서로

▲ 루즈벨트 대통령을 만나기 위해 예복을 입은 청년 이승만

의 합의를 기록한 각서로만 존재하며, 그 내용도 오랫동안 공개되지 않았다. 그러다 1924년 미국의 외교사가인 타일러 데닛(Tyler Dennett)이 루스벨트 대통령의 문서들을 연구하다가 발견해 '커런트 히스토리지'에 발표하면서 그 실체가 드러났다. 시어도어 루스벨트 대통령은 명문가 출신의 행동하는 지식인이었다. 해군차관보를 시작으로 민병대를 조직하여 1898년 쿠바해방을 위해 출병했으며 스페인과 전투를 벌인 인물이기도 하다. 가쓰라-태프트 밀약은 고종과 같이 민씨 등 집권 서인(노른) 세력들의 매국적인 국정운영에 부패하고 무능한 정권이 일본에게 잡혀 먹히고 있지 않은가에 대한 경고의 의사표현이었다. 1920년 만해 한용운(1879~1944.6)은 '한용운 공소 공판기'에서 이렇게 적고 있다. "어떤 나라든지 제가 스스로 망하는 것이지 남의 나라가 남의 나라를 망하게 할 수 없는 것이며 우리나라가 수백 년 동안 부패한 정치와 조선 민중이 현대문명

▲ 프란스턴대학 시절 기숙사에서

에 뒤떨어진 것이 합하여 망국의 원인이 된 것이다." 자유민주주의를 통한 부국강병만이 답인 것이다. 그 당시 동아시아에 경제적. 군사적인 면에 강대국들이 얽힌 복잡 미묘한 상태에서 루스벨트 대통령과 이승만과의 만남은 외교적인 예우차원이였던 것이다. 워싱턴포스트(The Washington Post)지에는 대통령과 이승만의 면담 기사가 실렸다. 이승만은 단계적으로 대한제국의 독립을 위한 대책을 강구해야 한다는 결심을 새롭게 하게 된다. 포츠머스(Portsmouth)강화회의에서 대한제국의 독립을 호소하려는 계획도 세웠다. 그러나 이것마저도 불발되었다. 1905년 9월 러일전쟁을 마무리하기 위해 미국 뉴햄프셔 주에 있는 조그마한 군항도시 포츠머스에서 일본과 러시아 간에 체결된 이 조약은 사실상 일본이 전쟁에서 승리를 확인해주는 조약이었다. 이로써 동아시아에서 일본이 제1강국으로 군림할

▲ 프린스턴대학
박사 학위 기념사진(1910년 6월)

수 있는 교두보 역활을 한 것이나 다름없는 것이었다. 대한제국의 독접권을 열강으로부터 인정받은 것이다. 조선의 주권을 포기하는 을사늑약을 대한제국에 강요할수 있었던 힘이 여기서 나온 것이다. 또한 침략을 위한 확실한 정책을 확보하게 된 것이다.

힘이 없는 나약한 조국의 비참함을 이승만은 메마른 광야에서 홀로 남겨진 듯한 망국의 아픔을 기도로 대신했다. 그리고 나라를 지키기 위해서는 외교적 힘이 필요함을 절실히 깨닫고 미국에 남아서 공부하기로 결심을 한다. 1905년 그해, 이승만은 감옥에서 만난 하나님의 사랑에 감격을 근거로 워싱턴 D.C 커버넌트 장로교회의 루이스 햄린 목사로부터 세례를 받았다.

이승만은 조국의 독립을 위해 일념으로 결심을 하게 된다. 그를 아끼고 기도해 주던 선교사들의 추천서를 읽어 내려갔다. 이승만이 정치범으로 6년간 감옥에 있을 때 40여명의 동료죄수들을 개종시킨 사실과 그가 장차 한국기독교계에 중요한 역할을 할 것임을 보증하며 2~3년 정도 교육을 받을 수 있는 기회를 베풀어 줄 것을 요청하는 내용이었다. 1905년 2월 배재학당에서 수료과정을 인정받아 조지 워싱턴 대학교 2학년 2학기에 편입하여 1907년 6월 5일 졸업을 하게 되었다. 6월 23일 YMCA에서 행한 연설 '고요한 아침의 나라 조선'을 게재했다. 이때 사랑했던 이승만의 유일한 외아들 봉수가 미국으로 건너와 얼마 안 되어 지병으로 필라델피아 병원에서 사망했다. 그래도 이승만은 좌절하지 않았다. 이민조차 생소하던 그 시절에 아들의 슬픈 죽음마저도 뒤로 한 채 그리고 어려운 생활고 속에서도 학업을 계속이어 나갔다. 이승만은 하버드대학에서 석사과정 1년을 마치고 1910년 7월 18일 프린스턴대학에서 정치학박사학위를 받았다. 4년 6개월 만에 이뤄낸 결과였다. 여기에는 근대적인 학문을 수학한 동양인 최초 해외박사. 조선인 이승만 박사가 탄생한 것이다. 프린스턴 대학에서 국제법과 외교사를 전공했다.일본과 맺은 최초의 강화도 조약, 마국과 맺은 조미수호조약, 국제법에 문외한 조선은 속수무책 당할 수밖에 없었다. 나라를 지키려면 국제법을 알아야 했다. 그의 박사논문은 '미국의 영향을 받은 중립(Neutrality as Influenced by the United States)'에 관한 논문은 2년 뒤 세계 최고 명문대학교에서 단행본으로 출판되었다. 제1차 세계대전으로 전시중립

▲ 강제 퇴위당한 조선의 제26대 국왕 고종

문제가 중요하게 떠오르면서 학계에 관심이 컸다. 그의 마음속 깊이 깔려 있는 민족이 살 길은 국제법과 외교학에 능통해야 한다는 절박함이 있었다. 미국에 무역문제가 생겼을 때에 의회에서 윌슨 대통령이 그의 연설 중에서 닥터 승만 리의 연구를 예를 들 정도였다. 학업 중에도 동분서주하며 조선이 오랜 역사와 전통을 지닌 독립국가라는 사실을 강연이나 설교를 통해 미국인들에게 알리고 주장하며 여론을 확대하고자 하였다. 타고난 연설가로 대중의 정의감을 불러일으키며 관중을 압도하기도 하였다. 그는 편안한 길을 버리고 이미 거칠고 험한 독립운동가의 길을 걷고 있었다. 그가 선택한 조국을 위한 헌신은 값없이 그냥 얻어지는 것이 아니라는 걸 알고 있었다. 자유는 반드시 희생이 필요하다. 그의 평상시 지론이었다.

　이미 조선 말기의 고종은 어떠한 애국심도 다 소진한 힘 없는 고목나무가 되어 있었다. 파선하는 배처럼 어떠한 조치도 처방

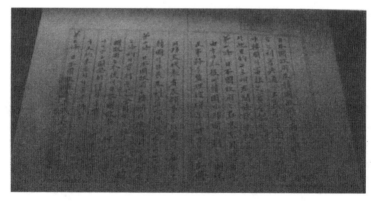

▲ 중명전에 전시된 을사늑약 문서

도 소용없는 지경까지 이르게 됐다.

을사늑약(을사조약) 국권상실

1905년 11월 17일 일본이 대한제국을 강압해 체결한 을사조약(을사늑약) 으로 대한제국, 조선의 외교권이 박탈당하고 말았다. 결국 주권을 넘긴 것이다. 일본의 허락이 없이는 외교를 할 수 없는 것이다. 조선의 자주권이 땅바닥에 떨어져 고통의 세월이 시작된 순간이었다. 이제 대한제국의 동의만 남았다. 일본은 이 일에 해결사로 자처한 이토 히로부미를 한양에 보내게 된다. 고종을 만나고자 하였으나 고종은 아프다는 이유로 약속을 계속 취소하였지만 더 이상 핑계를 댈 수 없게 되자 히로부미를 만나 일본의 요구를 듣게 된다. "러일전쟁이 일어난 것은 너희들이 러시아와 일본 사이에서 이도 저도 아닌 중립을 취해

▲ 하버드대 재학시절 급우들과 찍은 기념사진

서 일어난 전쟁이다. 그래서 피해가 심하게 났으니 앞으로 우리가 너희를 보호국화 해야겠다."고 여유를 부리며 직언을 날렸다. 이에 고종은 한발 뒤로 물러나 "대한제국이라는 외교권은 가져가되 타 국권과의 교섭에서는 대한제국이라는 이름만은 유지해 달라."는 하소연을 하게 된다. 외교권만 포기하겠다는 발언이었다. 이렇게 고집을 부리는 고종을 뒤로 한 채 어떻게 하든 일본정부의 목적을 달성하는 임무를 맡은 히로부미는 여덟 명의 조선 대신들을 따로 불렀다. 일본협상단과 일본군인들도 함께 참석했다. 히로부미와 일본군인들은 찬성하지 않으면 다 쏴 죽이겠다고 조정대신들을 협박하며 겁을 주었다. 회의 중에 적극 지지하던 이완용, 박제순, 이지은, 권중현, 이근택은 외교권을 넘겨주는 것에 찬성했다. 이하영, 민영기는 모호한 답변으로 일관하다가 후일에 친일파로 돌아섰다. 그러나 한규설만은 나라의 주권을 넘겨주는 것에 끝까지 반대했다. 일본은 대표로 이완용에게 15만 엔, 현재 가치로 30억이 넘는 돈과 일본관직을 시켜주었다. 끝까지 민족의 자주를 주장한 한규설은 감금되었다가 면직 처리된 후 일본이 회유책으로 남작자리를 권유했으나 칩거에 들어갔다. 한규설은 '조선교육회'를 만들어 교육운동에 매진하게 된다. 단 몇 시간 만에 나라의 주권을 빼앗긴 사실이 백성들에게 전해지자 덕수궁 앞에서 모여 집회를 열기 시작했다. 교사, 학생, 상인, 농부... 너나 할 것 없이 무능하고 허약한 정부를 향해 소리치며 울분을 토하였다. 민영환은 책임을 통감하고 자결하였다는 소식이 미국까지 퍼져 갔다. 이날 황성신문에 장지연은 '시일야방성대곡'을 발표하면서 통곡하며 목 놓아 울었다. 말이 보호국이지 실상은 일본의 식민지가 된 것이나 다름이 없었다. 이승만은 외교의 중요성을 절감했다. 일본의 침략의 야욕대로 1906년 2월 1일 '조선통감부'를 설치하여 3월 2일 이토 히로부미가 초대 조선통감으로 부임했다. 1907년 정미 7조약(한일신협약)을 체결하고 국권회복을 위한 외교활동으로 네덜란드 헤이그에 특사 3인 이준(1859~1907), 이상설(1871~1917), 이위종(1884~1924) 파견을 이유로 고종을 강제로 퇴위시켰다.

▲ 헤이그 밀사로 파견 된 세 사람(왼쪽부터 이준, 이상설, 이위종)

105인사건과 일본의 압제

    1909년 10월 26일 안중근 의사는 하얼빈 역에서 조선의 침탈자 이토 히로부미를 암살했다. 1910년 8월 29일 '경술국치' 일제 감정기, 일본의 식민지의 시작이자 독립운동의 서막을 알린 날이다. 1910년 9월 3일 서울 기독청년회(YMCA)에서 '한국인 총무직'을 제의 받고 고국에 돌아와 교육사업에 동참을 할 것을 요청했다. 이승만은 주저 없이 승낙을 하게 된다. 이유 중 하나는 세계나라와 연대돼 있어 일본의 치위법권지대라 일본의 감시도 피하고 신변을 보장 받을 수 있을 거라는 생각이 한 몫을 했다. 뉴욕 항을 출발했다. 영국의 리버풀을 지나 런던에서, 파리로 파리에서 베를린으로 모스크바를 지나 만주를 거쳐 결국 고국의 땅을 밟을 때에는 일본인의 입국허가를 받고 서울에 도착했다.

▲ 105인 사건 관련자들 체포 장면

10월 10일. 조국을 떠나 5년 11개월 만에 귀국이었다. 이승만은 성경과 미국의 자유주의를 가르쳤다. 책을 번역하는 등 전국을 순회하며 자주독립 계몽운동을 실천할 것을 강조하였다. 반일 운동이 확산되자 일본 헌병들은 이승만을 감시하기 시작했다. 전국적으로 일어나는 반일감정을 차단하기 위해 일본이 꾸며낸 1911년 105인사건, 조선을 강점한 후에 민족운동을 탄압하기 위해 데라우치 총독에 대한 암살미수 사건을 날조하여 일으킨 사건이다. 개성에서 열린 '학생 하령회'에 참석한 기독교 지도자들에게 죄를 뒤집어 씌어 친일에 걸림돌인 교회 힘을 약하게 하기 위함이었다. "1910년 12월, 압록강 철교 낙성식에 참석을 위해 선천역에 잠시 하차하는 데라우치 통독을 기독교인들이 암살하려 했다"는 음모를 꾸미고 700명의 기독교지도자를 체포, 그들을 고문해서 가짜 자백을 받아낸 것이다. 1912년 6월에 열린 첫 재판에서 실형을 선고 받았던 사람

▲ 대한민국동지회 대표들과 함께한 이승만

이 105인 이라 하여 '105인 사건'으로 불린다. 잔혹한 고문으로 4명이 숨지고 4명은 정신병자가 되었다. 이승만도 체포 대상이었지만 이때도 미국 선교사들이 적극 나섰다. 미국에서 잘 알려진 유명인사 이승만이 체포되면 외교적 마찰이 일어날 것이라고 경고했다. YMCA 국제 위원회 개입으로 체포는 피할수 있게 된 것이다. 이승만은 105인 사건의 억울함을 미국에 알렸다.

이일로 사전에 연루되었던 애국자들이 해외로 망명하면서 국외에서 항일운동이 활발히 전개되는 계기가 되었던 것이다. 이승만은 더 이상 조국에서 애국운동이 활발히 국제 사회와 연결이 어렵다는 것이 예감되자 또 다른 돌파구를 모색했다. 이에 1912년 5월 미국 미네소타주 남동부에 있는 미니애폴리스에서 세계감리교 평신도대회가 열리자 조선대표로 참석하기로 결정한다.

1912년 3월 이승만은 일본을 걸쳐 미국으로 건너갔다. 그리고 미니애폴리스로 가서 기독교감리교 모임에 참석했다. 그는 거기서 "기독교와 자유민주주의 정신은 약자를 보호하는데 있다."고 서두부터 강조했다. "지금 일본은 조선을 침탈하여 조선 백성들을 탄압하고 있다. 그러니 세계의 기독교는 모름지기 단결하여 식민지나라, 압박 받고 있는 민족을 하루바삐 해방시키어 아시아의 평화를 이루며, 나아가서는 세계평화 유지에 이바지하여야 할 것이다. 나는 이를 전능하신 하나님의 뜻으로 생각한다." 총회가 끝나고 프린스턴대학 시절 윌슨(Willson,T.W)

을 뉴저지의 시거트 별장에서 만났다. 그 당시에 윌슨은 뉴저지 주지사 신분으로 민주당 대통령 후보의 자리에 있었다. 이승만은 차분하고 강한 어조로 조선의 식민지 참상을 설명하고 '105인 사건'에 연루된 기독교 지도자들의 석방을 촉구하는 발언을 해줄 것을 요청하였다. 또한 조선의 독립을 세계에 알리는 성명서에 서명을 해달라고 부탁했다.

윌슨은 "개인적으로 동의하지만 미국의 현재 정치적 상황을 고려하면 서명을 할 수가 없다. 나는 모든 약소국가들을 위해 할 일을 생각 중입니다."라며 이승만의 요청에 보류의 의사를 밝혔다. 후에 윌슨은 이승만은 진지하고 강한 어조로 조선의 독립을 주창함이 큰 영향을 주어 '민족자결주의' 선언을 통해 자신의 신념을 실현하는 행동주의자라고 했다. 그리고 한성감옥의 동지였던 박용만을 만나 향후 조선의 독립을 위하여 무엇을 어떻게 해야 할지를 의논하게 된다.

하와이 사탕수수밭 이민자의 마지막 소원

1913년 2월 3일 미국의 50개 중 마지막 주인 하와이로 조국독립의 꿈을 품고 호놀룰루에 도착했다. 그 당시에 하와이에는 고국에서 온 이민자들이 있었다. 을미사변(1895.10.8 명성왕후 살해사건) 이후 시작된 일본의 압제와 핍박, 지속된 흉년으로 가난을 피해 사탕수수밭 노동자로 온 동포들이었다. 바깥세상이라곤 전혀 경험없는 조선인들이 태평양 바다를 건넌다는 건 쉽지 않았다. 1903년 1월 13일 인천 내리교회에서 시작하여 102명(남자 54명, 여자 21명, 어린이 25명 등)은 정부가 허락한 최초 해외 이민자들이었다. 미국상선 겔릭호를 타고 일본 나가사키를 걸쳐 하와이에서 시작된 이민자들의 숫자는 그 당시에 7천명이 넘었으며 오늘 200만이 넘는 숫자로 조국 독립의 성지가 되었다. 이승만이 하와이에서 독립운동을 하게 된 동기도 여기에 있었다. 그러나 이승만의 눈에 비친 동포들의 삶은 무척이나 척박하고 고된 삶이었다.

하루 10시간이상 넘는 노동을 했지만 겨우 목숨만 유지하며 살아갈 정도로 궁핍한 삶을 살았다. 집은 겨우 오두막집에서 잠만 자는 수준 이었다. 하와이 거주하는 일본인들은 조선인들을 의식적이든 무의식적이든 불편하게 대했다. 그리고 이름모를 병으로 죽어간 조선노동자들이 많았다. 아이들은 방치 돼

▲ 이승만 원장과 한인기독학원생들

있었고, 소녀들은 미국인이나 중국인에게 팔려가는 비참한 상황이었다. 이승만은 절망했다. 조국의 미래를 위해 학교와 교회를 여러 곳에 세우며 민족교육과 독립정신을 가르쳤다. 교포들은 노동으로 얻은 과부의 두렙 돈과 같은 돈을 조국의 독립 자금모금을 위해 십시일반 내놓고 있었다. 어느 날 한 노동자가 마지막 호흡을 다하며 죽는 순간까지 잃어버린 조국을 되찾는 데 써달라며 생명과 같은 쌈짓돈을 내놓았다. 이승만은 자신의 품에 동포를 안고 약속을 지킬 것을 약속했다. 먼 이국땅에서 한 생명 마지막 유언이 꿈에도 그리는 고국에 두고 온 가족이 아닌 조국의 독립이었다. 볼을 타고 흐르는 처절한 눈물은 이승만의 가슴속으로 흐르고 있었다. 후일에 부인 프란체스카는 회고록에서 "사탕수수밭 노동자들은 이승만이 독립운동을 이끌어갈 용기를 되찾게 해준 힘의 원천이었다."라고 기록하고 있다.

'105인 사건'의 억울함과 부당함을 항거하는 책과 '한국교회핍박'을 출간하기도 하였다. '월간 태평양잡지'도 창간했다. 이승만이 주필이 되어 기독교사상과 애국정신, 독립사상을 교포들 상대로 내용의 글을 발표했다. 그리고 감리교회가 운영하는 '한인기숙학교'의 교장직을 맡았다. 교육을 통해 민족해방운동을 하며 민족의식을 심어 주기 위해 한국어와 한국역사, 한문을 가르치고 학교이름도 한인기독학원(The Christian Institute)

으로 바꿨다. 한인여자(성경)학원을 설립하기도 했다. 하와이 대한국민회의 재정문제를 둘러싸고 한성감옥 시절 정치범으로 함께 수용됐을 때 만났던 친구 박용만과 충돌하게 된다. 박용만은 무력투쟁론을 주장했고 이승만은 무력만으로 독립 할 수 없다고 판단해 '외교독립론'을 주장했다.

미주지역에 독립운동이 극에 이르렀을 이때에 우남 이승만, 우성 박용만, 도산 안창호는 핵심 인물이었다. 이승만은 외교독립을 강조했으며 동지회를 중심으로 활동했다. 박용만은 국민 군단을 결성하여 무력투쟁을 주장했다. 안창호는 실력함양을 주장하며 흥사단을 기반으로 활발히 움직였다. 하와이에서 함께 활동하는 한성감옥의 동지 박용만은 막대한 경비를 들여서 낮에는 사탕수수 밭이나 탄광에서 일하는 교민들을 소집하여 밤에는 군사훈련을 시켰다. 이승만과 의견차이가 있었다. 미국 법을 어기는 일이고 잘못하면 오해할 수도 있는 위험한

▲ 호눌룰루 기차역 앞에 나란히 선 이승만과 박용만(1913년 4월)

일이었다. 그의 견해는 약소국의 독립은 강대국의 힘으로 이루어지는 일이 많기 때문에 무력투쟁이 아닌 미국정부와 그 국민의 지지를 받아야 한다는 것이다.

이러한 의견차이로 둘의 관계는 분명한 각자의 기준이 있었다. 그 당시에 미국에 거주하는 교포의 70%이상이 하와이에 거주하고 있었다. 1914년 국민회관이 완공 되었는데 박용만측의 인물이 건축비를 유용했다는 사실이 밝혀졌다. 이를 두고 이승만이 비판을 하자 재정문제로 불편해지는 사건이 발생한 것이다. 박용만과는 완전히 갈라졌다. 완고한 이승만은 도덕성이 무너졌다며 집행부를 비난했고 하와이 각지를 돌면서 국민회에 성금을 내지 말 것을 전했다. 결국 국민회는 집행부를 지지하는 쪽과 비판하는 쪽으로 갈라지게 됐다. 국민회는 미주 전체는 물론 하와이에서 한인전체를 대표하는 단체였다. 하와이 한인들은 국민회를 자신들을 대표하는 정부 역할로 인식하고 있었기에 하와이 주정부에서도 국민회를 대표기관으로 인정해 사법권에 준하는 권한까지 부여하는 실정이었다. 사정이 이렇기 때문에 국민회를 누가 주도하느냐 하는 것은 매우 중요한 일이었다.

1915년 5월 1일 국민회 특별대의원회에서는 박용만 쪽의 김종학을 회장직에서 파면하고 이승만 측의 정인수를 임시의장으로 선출했다. 이승만이 안창호와도 부딪쳤다. 이승만은 철저한 반공주의자였다면, 안창호는 민족을 단결시키기 위해서라면 사회주의자들도 끌어안고 가야한다는 좌우 합작론자였다. 이승만은 교포들에게 "대한제국사람은 믿을 만하다. 나라를 독립하고, 독립을 계속 유지할 수 있는 국민이다."라는 확고한 모습을 보여줘야 한다고 생각하고 자신감을 고취시켰다. 교육사업과 함께 외교활동을 통해 완전한 독립국가를 주창한 이승만의 외고집은 오해와 이해가 얽히게 했다. 이에 분열주의자라는 이미지가 늘 애국운동에 그를 그림자처럼 따라 다녔다. 박용만은 하와이를 떠나게 되었다. 이후에 중국으로 건너가 독립 활동을 했다.

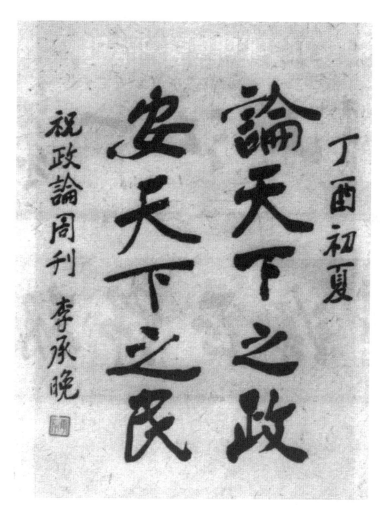

▲ 천하의 정치를 논하고 천하의 민중을 평안케 한다. 1957년

"나는 항상 우리 민족의 자유를 얻고자 애써 왔으며 어떻게 하면
자유롭게 여러 나라 사람들과 함께 살아 갈수 있을까
를 생각하고 오늘까지 싸워 온 것이다." 1945년.10월

03

1915~1944년
3.1운동/
임시정부

▲ 워싱턴 군축회의에 한국대표로 참석하기 위해 1922년

3.1운동의 숨은 공로자 이승만과 임시정부

1918년 1월 윌슨(Willson,T.W) 대통령은 4년간 계속됐던 제1차 세계 대전이 끝나갈 무렵 전쟁을 마무리하기 위하여 평화조약 체결의 원칙으로 민족자결주의, '평화를 위한 14개 조항'을 발표했다. 이로 인해 압박받던 약소국들은 독립의 희망을 갖게된다. 이승만은 확실히 보았다. "각 민족의 정치적 운명을 스스로 결정할 수 있으며 다른 민족의 간섭을 받을 수 없다." 우리나라가 강한 독립 의지로 보인다면 국제사회가 도와 줄 것이라는 확신으로 애국 운동가들에게 비밀리에 서신을 보내 대규모 집회를 열 것을 강조했다. 3.1운동에 불을 던지게 된 것이다. 윌슨(Willson,T.W)의 민족자결주의에 민감하게 반응한 재미교포들은 재미한인대표자회의를 소집하여 이승만. 민찬호, 정한경 등을 한인대표로 선출하여 민족자결주의의 본질적 이념에 따른 한민족의 자결권을 주장하기로 하였다. 이승만은 일본의 만행을 알리기 위해 파리강화회의(Paris Peace Conference)에 참석하려 하였다. 하지만 동아시아에서 러시아의 세력을 견재한 일본은 그에게 비자를 내주지 않았다. 이승만은 서재필을 만나 필라델피아 다운타운에서 한인대회를 열게 된다. 그런 얼마 후에 고국에서 3.1절 만세운동이 일어났다는 소식이 미국까지 들렸다.1919년 3월 1일 '대한 독립 만세 운동'이 일어났다. 서울 종로 태화관 식당에서 독립선언문을 선포하고, 탑골공원에서 독립선언을 선포함과 동시에 독립만세운동으로 전국에서 백성들이 일어나 "대한 독립만세'를 목청껏 울분의 소리를 질렀다. 민족대표 33인은 '기미독립선언서'에 서명했다. 손병희는 독립선언서 작성의 대원칙을 세웠다. 첫째, 평화적이고 온건하며 감정에 흐르지 않을 것. 둘째, 동양의 평화를 위하여 조선의 독립이 필요하며, 셋째, 민족자결과 자주독립의 전통정신을 바탕으로 정의와 사람을 위한 정신에 입각한 운동을 할 것이라는 평화시위 원칙을 선포했다.

3.1 독립선언문(일부) 외교를 기반으로 한 독립운동

우리는 이에 우리 조선이 독립한 나라임과 조선 사람이 자주적인 민족임을 선언한다. 이로써 세계만국에 알리어 인류 평등의 큰 도의를 분명히 하는 바이며. 이로써 자손만대에 깨우쳐 일러

▲ 하와이에서 열린 대한인 국민회 지방총회 경축행사

민족의 독자적 생존의 권리를 영원히 누려 가지게 하는 바이다.

낡은 시대의 유물인 침략주의 강권주의에 희생되어 역사 이어 온지 몇 천 년 만에 딴 민족의 압제에 뼈아픈 괴로움을 당한지 벌써 수십 년을 지났으니, 그 동안 우리의 생존권을 빼앗겨 잃은 것이 그 얼마이며, 정신상 발전에 장애를 받은 것이 그 얼마이며, 민족의 존엄과 명예에 손상을 입은 것이 그 얼마며, 새롭고 날카로운 독창력으로써 세계문화에 이바지하고 보탤 기회를 잃은 것이 그 얼마나 될 것이냐?

3.1운동은 일제의 강제적인 국권침탈과 식민지화로 탄압에 못 이겨 의병과 열사들을 중심으로 전국각지에서 일어난 민중 저항운동이었다. 민중봉기 독립운동에 불을 더한 것은 일본 도쿄에서 열린 2.8독립선언이었다. 당시 일본인 유학생들 간

▲ 1919년 (독립선언서)

에 조선기독교청년회, 조선유학생학우회, 조선학회, 조선여자 친목회 등의 애국단체가 있었다. 겉으로 보기에는 친목단체처럼 보이고 연구모임단체인 것처럼 보였지만 실상은 조국의 독립을 위한 애국단체 모임이였다. 2월 8일 오전 10시, 한국독립의 필연성과 정당성을 학회원, 귀족원, 중의원, 양원의원, 조선총독, 신문사, 잡지사와 여러 학자들에게 보냈다. 일본뿐만 아니라 국내 3.1운동의 큰 역할을 하였다. 서울에서는 순국열사들을 중심으로 학생, 시민들과 함께 '대한독립만세' 3창과 함께 전국으로 퍼져나갔다. 시위군중은 질서를 따라 단 한 건의 폭력 사건도 없었다. 자유를 위한 세계 최초로 거행된 평화시위였다. 반면 입본군대와 기마경찰의 무력 저지로 대표 한용운 선생님이 바로 체포되는 등 주모자 130명 외에 많은 이들이 체포. 구금되었다. 감옥에 수감된 의사들은 비참한 고문으로 죽어갔다. 이때에 고종 황제가 갑작스럽게 서거하게 됐다. 일본에 의해 강제합병 된지 십년 만에 일어난 것이다. 그동안 고종

▲ 3·1운동 당시 시위대에 대응하기 위해 도열해 있는 일본 군경

은 일본으로부터 덕수궁에 갇혀 지내면서 신변위협으로 불면증에 시달렸다. 1919년3월3일 승하한지 45일 만에 일본식으로 장례를 치르게 됐다. 그러나 백성들은 조선의 전통 장례옷을 입고 덕수궁에서 남양주로 가는 장례길을 따라가면서 애도했다. 당시에 백성들은 일제에 의해 독살됐다는 주장의 글에 집중했다. 당시 11살이던 영친왕은 일본에 인질로 잡혀갔으며 14세였던 덕혜옹주는 볼모로 일본에 끌려가 조선의 마지막 비극의 희생양이 되었다. 백성들의 분노와 울분은 더 해만 갔다. 약소국 조선의 슬픈 역사는 이렇게 우리 거레의 아픔으로 남아 있다.

미국판 3.1운동이라고 할수 있는 한인대표자회의(The First Korean Congress)가 열렸다. 이승만은 "미국을 표본으로 삼아 자유민주주의를 건설하자"는 결의문을 채택하게 된다. 대회를 마친 한인들은 인디팬더스홀로 행진했다. 인디팬더스홀은 1776년 미국이 영국으로부터 독립을 선언했던 곳으로 자주독립의 표상의 상징이며 기념된 장소이다. 150명이 넘는 교포들이 한손에는 태극기를, 다른 한손에는 성조기를 양손에 들고 필라델피아 미국독립기념관을 향해 "대한독립만세"를 외치며 행진했다. 서울에서 발표한 독립선언문을 낭독했다. 3.1운동은 한일 합병이 무효임과 동시에 한국이 자유민주공화국으로 독립을 선언한 것이다. 이 내용의 기반은 이승만이 집필했던 '독립정신'에 근간을 두었다. '자유와 평화'라는 기독교 정신을 실천한 최초의 비폭력 운동이었다. 이 운동은 일본의 탄압과 보도 통제 때문에 전 세계에 잘 알려지지는 않았다. 조선에 살고 있는 선교사들은 이를 세계에 알렸다. 스코필드(한국명, 석호필) 선교사는 제암리 교회 학살 현장 사진을 자전거를 타고 가서, 직접 사진을 찍어 이승만에게 급하게 보냈다. 이승만은 이 사진을 미국기자들과 세계만방에 알리는 중대한 일로 빠르게 수행했다. 3.1운동의 숨은 공로자 이승만이었다. 세계1차 대전 후 전승국의 식민지에서 최초로 일어난 대규모 민중봉기 독립운동이라고 이승만의 비망록 3.1운동(1919. Movement)에 관하여 기록하고 있다.

일본은 미국에서 언론 플레이를 했다. '3.1운동은 음모에 의한 것이며 조선은 자치능력이 없다'라며 일본의 사주를 받은 미국인 레드 (Ladd) 교수가 한 신문사 인터뷰에서 한 말이다. 이승만은 바로 뉴욕타임즈 (The Newyork Times)에 래드 교수의 발언에 대해 합리적인 외교적 관점에서 3.1운동의 정당성을 논리적으로 반박했다.

대한민국 임시정부, 초대 대통령 이승만

3.1운동으로 곳곳에 임시정부가 세워졌다. 민중의 의분과 분노에 찬 항일운동이 조직적이고 체계적으로 진행되도록 기초석을 놓게 된 것이다. 그리고 모든 임시정부의 주요 지도자로 이승만이 추대되었다. 러시아 노령(러시아령)임시정부와 상해

임시정부에서는 국무총리로 한성 임시정부에서는 집정관 총재로 추대되었다. 곳곳에서 나뉘었던 임시정부가 1919년 9월 6일, 상해 통합 임시정부로 합쳐지면서 임시 대통령으로 이승만이 추대되었다. 이승만이 모든 임시정부에서 주요 지도자로 추대될 수 있었던 것은 당시로서는 최고의 학력과 그의 오래된 애국운동 경력 때문이었다. 그리고 구한말 개혁의 선구자이자 한성감옥부터 시작된 '독립신문' 등 많은 집필을 통해 겨레의 독립을 위한 그의 사상과 이념을 객관화했기 때문이었다. 또한 한국인 최초로 미국 대통령들을 만나 대한독립을 호소한 청년 외교관이자, 독립에 관한 백성들의 간절한 기대감 이 관철된 것이었다. 1919년 9월의 상해임시정부로 이승만은 세계열강에 대한민국 임시정부의 탄생을 알리며 일본천황에게 대한민국 영토에서 철수할 것을 요구했다. 이때부터 영문국가 명칭 'Republic of Korea'를 처음으로 사용했다. 이승만은 대통령

▲ 상해 체제시 중국옷으로 변장한 이승만(1921년 4월)

직권으로 업무를 수행하기 위하여 워싱턴에 구미위원회(Korean Commission to America and Europe for the Republic of Korea)를 설치해 외교업무를 담당하도록 했다. 이에 따라 임시정부가 있는 상해와 워싱턴으로 나뉘게 돼 상해 현지에 부임해야한다는 목소리가 커져갔다. 그에 따라 1920년 12월에 이승만은 상해로 가기로 결정했다. 당시 일본정부는 이승만을 체포하는 자에게 30만 달러라는 현상금을 걸었다. 일본 정부가 봤을 때 이승만은 일본 천황에게 충성하지 않는 반역자 중에 주범이었던 것이다. 일본이 찾고 있던 정치범이었었던 것이다. 비자문제도 일본 허락이 없이는 불가능한 시기였기 때문에 밀항은 그리 쉬운 일은 아니었다. 그는 하와이에서 미국인 친구 윌리엄 보스윅의 도움으로 상해로 가는 배에 중국인의 옷을 입고 관 속으로 들어가 중국인으로 위장해 중국행 화물선 배에 오를 수 있었다. 그 당시의 심정을 이승만은 망망대해 달빛이 흐르는 정적만이 쌓여 있는 태평양 바다를 건너면서 한 편의 시로 정리했다.

만국 2년 동짓달

하와이에서 멀리 가는 손님이 남몰래 배를 탔다.
겹겹의 판자문 속에 난롯불은 따뜻했고
사면이 철벽이라 실내는 캄캄했다.

내일 아침 이후엔 산천도 아득하겠지만
이 밤이 다가기 전에는 세월이 얼마나 지루할까.

태평양 바다 위를 두둥실 떠서 가니

이 배 안에 황천이 있는 줄 그 누가 알리요

(이 때 관 옆에는 중국인의 시체가 옆에 있었다)

                              - 우만 이승만의 한 시집 -

　　12월 5일, 20일간의 항해 끝에 무사히 상해에 도착했다. 상
해 임시정부 관계자들이 마중을 나왔다. 임시정부의 모든 환경
은 열악한 상황이었다. 많은 정치자금과 인력을 기대했던 요원
들은 실망감에 가득한 기색이 역력했다. 이승만은 상해에 도
착하자마자 국무회를 열었다. 1921년 새해에 임시정부는 신
년하례식을 개최했다. 그러나 파리회의에 불참하게 된 것과 이
승만이 윌슨대통령에게 요청했던 위임통치 청원서 '한국이 정
식으로 독립하기까지 몇 년 동안 일본의 통치아래보다 미국이
나 국제연맹의 위임통치를 원한다' 것이었다. 그러나 공산주의
자이며 무장투쟁론자인 국무총리 이동휘는 청원문제를 거론
하며 이승만을 공격하며 반박했다. 이승만은 외교 입국론에 맞
서 무장투쟁론을 주장하는 인사들과 이념적으로도 마찰이 있
을 수밖에 없었다. 사태를 수습하려 했지만 극도로 혼미스러운
정국으로 내려갔다. 결국 몇 개월 만에 이승만은 김규식, 이동
녕, 노백린, 손정도 등의 인사들과 새 국무원을 구성했으나 이
미 그들만의 결정권으로 지속적인 의정원의 역할은 힘들 거라
는 판단으로 몇 달 후인 5월 17일에 상해를 떠나기로 결심한

다. 1925년 3월 임시정부는 이승만 탄핵안을 통과시켰다. 워싱턴의 구미위원부를 폐지했으며 그 임무를 안창호 세력이 우세한 국민회 중앙총회가 맡게 했다. 이승만은 이 일로 상해 임시정부와 관계가 소원해졌다. 이승만은 하와이로 돌아와 한국기독학원과 한인기독교교회 운영에 주력했다. 새나라 건설을 위해 인재양성과 후손들을 위한 민족교육에 힘을 쏟았다. 독립운동에 대한 성과가 없자 사람들의 참여는 날로 저조해져갔다. 모든 독립운동가들도 점점 사기가 시들해져 갔으며 힘든 시간들을 보내고 있었다.

1931년 일본이 본격적으로 대륙침략을 나서면서 만주사변이 일어났다. 1932년 상해사변을 비롯해 중국과 일본은 충돌했다. 한국 독립 운동가들은 다시 일어나기 시작했다. 1932년 11월 10일 상해임시정부가 국무회의 의결을 걸쳐 이승만을 국재연맹에 보낼 전권 대사로 임명했다. 이승만은 12월 23일 뉴

▲ 한인기독학원 독립운동을 도운 한국 부인들과 함께(앞줄 중앙이 이승만 박사)

욕을 출발해 런던을 지나 1933년 1월 4일 국제 연맹본부가 있는 제네바에 도착했다. 이승만은 일본의 만주 침략을 규탄과 함께 한국독립의 정당성을 호소하려 했다. 그러나 일본은 만주국이 자발적인 의지에 따라 수립된 국가라고 하며 거짓 선동과 참정 국가들을 상대로 함께 연대하며 발표했다. 바로 이에 이승만은 논리정연하게 반박문을 써서 국제연맹에 제출했다. 각국의 언론매체들에게 일본의 악행을 신랄하게 폭로했다. 그러나 일본의 반대로 국제연맹에서 한국문제를 정식의제로 상정하는 안건은 실패했다. 여러 이유로 일본은 결국 국제연맹에게 탈퇴하게 된다. 당시에 유럽에 있는 국가들 중에 소련은 공산주의 약소국에 대해 긍정적이었기 때문에 소련에 가서 호소하려 했지만 이승만은 반공산주의자로 알려져 있었기에 소련에 도착하자마자 쫓겨나게 된다. 이승만은 1933년 2월에 제네바에서 독립운동가의 아내가 될 여인을 만나게 된다. 프란체스

▲ 제네바 국제연맹 본부 앞에서

▲ 미국에서 결혼식을 올린 후 호놀룰루에서 이승만과 프란체스카

카 도너(Francesca Donner, 1900~1992)였다. 그녀는 1900년 오
스트리아 빈 교외의 인처스도르프(Inzersdorf)에서 태어났다. 철
물 무역을 하는 집안의 막내딸이었다. 1934년 10월 두 사람은
뉴욕의 몽클래어 호텔에서 존 헤인스 홈즈 박사와 윤병구 목사
의 공동 주례로 결혼식을 올리게 된다. 프란체스카는 진심으
로 이승만의 독립운동을 옆에서 도왔으며 이승만이 미국정부
와의 로비를 1942년 워싱턴에서 조직한 한미협회(The Korean-
American Council)에서 이사로 참여했다.

태평양전쟁을 예견한 책
〈일본 내막기 Japan Inside Out〉

1941년 8월 1일 이승만은 일본의 내막기(Japan Inside Out.
일본의 가면을 벗긴다)라는 책을 영문으로 출간했다. 일본군국주
의 체제가 반드시 미국을 공격한다는 역사적 이유를 제시하고

있는 내용의 책이었다. 이 책이 미국에서 출간되었을 때에는 미국인들의 반응은 냉담했다. 미국은 대부분 일본에 대해 호의적이고 긍정적인 평가를 갖고 있는 분위기여서 공통적으로 미국과 일본 사이를 이간질하는 사려 깊지 못한 발언 정도로 취급당하였다. 그러나 이중에서는 1938년 노벨문학상을 받은 펄벅(Pearl Buck)은 선교사의 부모님을 따라 중국에서 자라 어린 시절 겪었던 것을 '대지'라는 소설로 써서 큰 명성을 얻었던 사람이다. 그녀는 "이 책이 진실이 아니기를 바라지만 진실인 것이 두렵다."고 이렇게 회고했다. 책이 출간 된지 6개월 뒤인 12월 7일 일본이 하와이의 진주만을 기습 공격했다. 미군청년수 천명이 죽어 나갔던 이 전쟁은 태평양전쟁으로 이어졌다. 미국 제32대 프랭크린 루스벨트(Franklin Delano Roosvelt) 대통령은 일본계 11만 명을 적국민 (Enermy Aliens)으로 지정하고 강제격리 수용하였다. 미국과 일본의 관계가 하루아침에 뒤집어졌

▲ 1941년 6월 이승만이 출판한(Japan Inside Out)

다. 미국 안에서 이 책은 베스트셀러가 되었고 이승만에 대한 평가와 명성이 급부상하게 된다. 미국 내에서 일본이 적국민이라고 취급을 받게 되자, 일본의 식민지 국가 한국인들도 같은 취급을 받게 되었다. 이승만은 곧바로 이런 부당한 대우에 대해 미국 정부에 청원서를 제출했다. 미국법무부로부터 한국인을 적국민 명단에서 제외한다는 연락이 왔다. 이로써 한국은 장차 독립 될 수 있는 가능성과 독립의 날이 서서히 다가오고 있다는 희망이 밝아오고 있었다. 미국 언론은 이승만의 경고를 무시하고 일본에 기우려 있었던 미국무부와 국방부를 비난하고, 일본 군국주의의 실상을 이해하는데 이 책이 필수라며 입장을 바꿨다. 이승만은 그간 50개주 미국을 돌아다니면서 "한국독립을 도와야 미국은 일본한테 공격을 당하지 않으며 미국도 무엇이 옳은 일인지 분별해야 한다."라고 강력히 주장을 이어나갔다. 미국 사람들 중에는 조선독립에 미친 늙은이라고까지 비난하고 조롱하는 일도 많았다. 그러나 이승만은 뜻을 굽히지 않았다. 만주사변 6년 후 에 중일전쟁이 일어났으며 곧 제2차 세계대전의 조짐이 보이기 시작되는 것을 국제정치학 박사, 이승만은 예고했다. 오랜 경험 속에서 세계정세의 흐름을 파악했던 것이다.

제2차 세계대전과 카이로 선언과 포츠담회담

제1차(1914~1918) 세계대전에서 패배한 독일이 아돌프 히틀러 중심으로 일당 독재체제를 만들면서 제2차 (1939년 9월~1945)세계전쟁이 발발했다. 자신의 정당 나치스(전체주의) 즉 국가를 위해 개인의 자유를 무시할 수 있다는 사상과 국가를 위해서라면 폭력 사용도 가능하다는 것을 기반으로 일어섰다. 유럽에서는 베니토 무솔리니를 중심으로 이탈리아가, 아시아에서는 대표적인 전체주의국가는 일본이었다. 독일, 이탈리아와 일본은 동맹국이었다. 독일의 폴란드를 침공으로 시작되어 태평양전쟁 개시와 함께 세계전쟁으로 발전한다. 1945년 5월 8일에 독일의 항복으로 유럽전선의 제2차 세계대전은 끝났다.1945년 7월 26일 연합군인 미국의 트루먼, 영국의 처칠, 소련의 스탈린, 3개국의 수뇌부가 독일 포츠담에서 모여 독일에

▲ 일본의 무조건 항복을 요구한 포츠담선언

대한 처리문제 등과 일본의 무조건 항복과 한국의 독립을 담은 내용을 발표했다. 이 협정은 연합국의 독일의 무장 해제, 비군사화, 비나치화에 있음을 명시하였고 중요한 문건으로 독일산업의 비군사화에 중점을 두었다. 그러나 일본은 이 회담의 결정에 대해 거부했으며 일본 본토에 원자폭탄 투하결정으로 전쟁은 마무리 됐다. 같은 해 8월에 일본이 무조건 항복함으로써 파시즘(결속과 단결)으로 인한 민족주의의 전쟁, 식민지, 종주국의 민족독립투쟁이기도 하였다. 세계1차 대전보다 더한 총력전으로 세상을 공포에 떨게 했다. 1943년 11월, 미국의 루스벨트 대통령과 영국의 처칠 수상, 중국의 장제스 대표가 이집트의 카이로에서 한국의 독립 국가를 세우겠다는 내용의 뜻을 기록하고 12월 1일에 발표했다. 첫째, 미국과 영국, 중국 등 세 나라는 일본의 침략을 막기 위해 압력을 가한다. 둘째, 세 나라는 어떤 이득도 요구하지 않으며 영토 확장의 뜻도 없다. 셋째, 제1차 세계대전 이후 일본이 얻은 태평양의 섬을 빼앗고 만주와 타이완 등은 중국에게 돌려준다. 세 대표들은 선언문에 이런 내용의 특별조항도 넣었다. '한국민이 노예 상태에 있다는 것을 유념하여 앞으로 적절한 절차를 거쳐 한국에 자유와 독립을 줄 것을 결의한다.' 독립선언서나 다름 없는 내용이었다. 미국 대통령들이나 국제사회에 한국 독립을 요구하는, 이승만의 연설과 문서와 편지들이 만들어 낸 작품이라고 볼 수 있는 결과이었다. 우리나라의 독립 문제가 국제적으로 논의된 것은 처음이었다.

한국민이 노예라는 말과 함께 말이다. 1945년 5월 연합군은 베를린을 함락시켰다. 히틀러는 자신이 잡히기 전에 스스로 총으로 자살하였다. 악인의 결말이었다. 그러나 여전히 일본은 독일과 이탈리아가 항복한 뒤에도 대륙 진출의 야욕을 위한 전쟁을 멈추지 않았다. 1945년 7월 26일 연합군의 수뇌부가 독일 포츠담에서 모여 독일에 대한 처리 문제와 패망이 확실한 일본의 처리 문제를 주요 내용으로 하는 포츠담회담이 열렸다. 1945년 8월 6일 히로시마와, 이틀 뒤 나가사키에 두 번째 원자 폭탄을 떨어트렸다. 다음에는 도쿄라고 경고하자 매스컴을 통하여 무조건 항복한다는 일본 천황의 떨리는 음성이 전 세계로 퍼져 나갔다.

오랜시간 일본의 압제와 핍박으로 고통받던 백성들은 일제히 환호성을 지르면서 기쁨을 감추지 못하였다. 많은 애국지사들과 애타게 기다리던 애국시민들의 간절한 소원이 드디어 해방빛을 보는 순간이었다.

▲ 카이로 회담에서 장개석, 루즈벨트, 처칠(1943년)

"대한민국이 곧 독립 될 것이므로 미국국적취득은 소용없다."

이승만이 미국 망명 시 무국적자로 끝까지 남아 한 발언 1945년

"뭉치면 살고 흩어지면 죽는다"

해방이후 이승만대통령의 국민의 단결 호소

04

1945~1949년
8.15해방과 대한민국정부
수립/초대 대통령 이승만

▲ 중앙청광장 초대정부 대통령 취임식(1948. 7. 24)

해방과 대한민국정부수립 초대대통령 이승만

1945년 8월 15일 드디어 대한민국의 독립이 이루어졌다. 비록 금수강산은 황폐화되고 수많은 고통과 절망의 나날이였지만 이날을 위해 얼마나 많은 애국자들과 백성들의 피와 눈물과 간절함이 있었던가. 이승만의 오랜 세월 외교 능력과 많은 애국선열들의 희생이 아니면 가능한 일이었을까? 1910년 일본에 의해 국권 강탈 이후 1945년 해방되기까지 37년간 우리는 일본치하의 압박과 치욕으로 사는 민족이었다. 광복이 오기 전 이승만은 연설문을 통해 조국을 격려했다.

이승만 대통령 연설 (1942년)

미국의 소리를 통해 동포들을 격려하는 연설문

나는 이승만입니다. 미국 워싱턴에서 국내와 해외에 산재한 우리 2천3백만 동포에게 말합니다. 어디서든지 내 말 듣는 이는 자세히 들으시오. 들으면 아시려니와 내가 말하려는 것은 제일 긴요하고 제일 기쁜 소식입니다. 자세히 들어서 다른 동포에게 일일이 전하시오. 또 다른 동포를 시켜서 모든 동포들에게 다 알게 하시오. 나 이승만이 지금 말하려는 것은 우리 2천3백만의 생명의 소식이요. 자유의 소식입니다. 저 포학무도한 왜적의 철망, 철사 중에서 호흡을 자유로 못하는 우리 민족에게 이 자유의 소식을 일일이 전하시오. 감옥, 철장에서 백방 악형과 학대를 받는 우리 총애 남녀에게 이 소식을 전하시오. 독립의 소식이니 곧 생명의 소식입니다. 왜적이 저희 멸망을 재촉하느라고 미국의 준비 없는 것을 이용해서 하와이와 필리핀을 일시에 침략하여 여러 천 명의 인명을 살해한 것을 미국 정부와 백성이 잊지 아니하고 보복할 결심입니다. 아직은 미국이 몇 가지 관계로 하여 대병을 동하지 아니하였으매 왜적이 양양자득하여 온 세상을 다 저희 것으로 알지마는, 얼마 아니해서 벼락불이 쏟아질 것이니, 일황 히로히토의 멸망이 멀지 아니한 것을 세상이 다 아는 것입니다. 우리 임시정부는 중국 중경에 있어 애국 열사 김구, 이시영, 조완구, 조소앙, 제씨가 합심 행정하여 가는 중이며 우리 광복군은 이청천, 김약산, 유동열, 조성환 등 여러 장군의 지휘 하에 총사령부를 세우고 각 방으로 왜적을 항거하는 중이니 중국 총사령장 장개석 장군과 그 부인의 원조로 군비 군물을 지배하며 정식으로 승인하야 완전한 독립군 군대의 자격을 가지게 되었으며 미주와 하와이와 멕시코와 쿠바의 각지의 우리 동포가 재정을 연속 부송하는 중이며 따라서 군비 군물의 거대한 후원을 연속이 보내게 되리니 우리 광복군의 수효가 날로 늘 것이며 우리 군대의 용기가 날로 자랄 것입니다. 고진감래가 쉬지 아니하나니 37년 전을 남의 나라 영지에서 숨겨서 근거를 삼고 얼고 줄이며 원수를 대적하던 우리 독립군이 지금은 중국과 영국, 미국의 당당한 연맹군으로 왜적을 타파할 기회를 가졌으니 우리 군인의 의기와 용맹을 세계에 드러내며 우리 민족의 정신을 천추에 발포할 것이 이 기회에 있다 합니다. 우리내지와 일본과 만주와 중국과 서백리아 각처에 있는 동포들은 각각 행할 직책이 있으니 왜적의 군기창을 낱낱이 타파하시오. 적병의 지날 길은 처처에서 끊어 버리시오. 언제든지 어디서든지 할 수 있는 경우에는 왜적을 없이 해야 할 것입니다. 이순신, 임경업, 김덕령 등 우리 역사의 열렬한 명장 의사들의 공훈으로 강포 무도한 왜적을 타파하야 저의 섬 속에 몰아넣은 것이 역사에 한 두 번이 아니었나니 우리 민족의 용기를 발휘하는 날은 지금도 또 다시 이와 같이 할수 있을 것입니다. 내지에서는 아직 비밀히 준비하여 숨겨 두었다가 내외의 준비가 다 되는 날에는 우리가 여기서 공포할 터이니 그때는 일시에 일어나서 우리 금수강산에 발붙이고 있는 왜적은 일제히 함몰하고야 말 것입니다. 내가 워싱턴에서 몇몇 동포와 미국 친구 친우들의 도움을 받아 미국 정부와 교섭하는 중이매 우리 임시 정부의 승인을 얻을 날이 가까워 옵니다. 승인을 얻는 대로 군비 군물의 후원을 얻을 것입니다. 그러므로 이 희망을 가지고 이 소식을 전하니 이것이 즉 자유의 소식입니다. 미국 대통령 루스벨트의 선언과 같이 우리의 목적은 왜적을 파한 후에야 말 것입니다. 우리는 백 배나 용기를 내어 우리 민족성을 세계에 한번 표시하기로 결심합시다. 우리 독립의 서광이 비치나니 일심 합력으로 왜적을 파하고 우리 자유를 우리 손으로 회복합시다. 나의 사랑하는 동포여! 이 말을 잊지 말고 전파하며 준행하시오. 일후에 또다시 말할 기회가 있으려니와 우리의 자유를 회복할 것이 이때 우리 손에 달렸으니 분투하라! 싸워라! 우리가 피를 흘려야 자손만대 자유 기초를 회복할 것이다.

싸워라. 나의 사랑하는 2천3백만 동포여!

▲ 한국각지 중계방송국을 통하여 방송되는 〈미국의 소리〉

그러나 8.15 해방을 맞이한 기쁨도 잠시, 1945년 소련은 8월 9일 아침 만주 일본군이 있는 장춘과 하얼빈 폭격을 시작으로 한반도의 나진, 청진, 웅기 항을 폭격했다. 8월 10일 일본은 항복 의사를 전달했기 때문에 일본군의 저항은 거의 없었다. 소련은 한반도 전체를 차지할 기세로 남쪽으로 계속 진격하고 있었다. 포츠담회담에서 한반도 점령 빌미를 얻은 소련의 철저한 계획이었던 것이다.

소련은 1904년 대일전 참전을 통해 일본에게 빼앗겼던 사할린 남부와 쿠릴열도를 되찾았다. 중국의 여순과 대련이 포함된 요동반도에 대한 조차권(leasehold)을 되찾고 중국 동부와 남만주 철도에 대한 조차권을 다시 찾으려 계획하고 전투를 감행했다. 군사적 이유로 미국이 점령하고 있던 외몽고까지도 요구했다. 또한 소련은 대일전 참전 시 한반도 북부를 작전구에 넣겠다는 의사를 밝힌 바 있었다. 이러한 소련의 요구에 이때 까지도 미국은 분명한 의사를 밝히지 않았다. 이런 기회를 이용하여 한반도침략에 대한 야욕을 멈추지 않았다 아무런 힘도 대책도 없었던 조선은 속수무책으로 당하고만 있었다.

당시에 미국 함정은 오키나와에 도착해 있었기 때문에 소련의 남하를 막을 방법이 없었다. 한국과 일본이 공산화되는 상황에 처하게 되자, 미국이 할 수 있는 일은 소련에게 한반도 공동점령을 제안하는 것뿐이었다. 한반도는 38선을 남북으로 나누어 북쪽은 소련이, 남쪽은 미국이 일본군의 무장 해제를 맡도록 제안했다. 미국의 한반도 공동 점령 제안 의도는 한반도의 영구 분단을 목표로 한 것이 아니라 일본군을 무장 해제시키기 위한 군사적 편의에 의한 것이 포함되어 있었다. 그러나 결국 한반도의 해방 직후 건국을 주도하려 했던 것은 공산주의자들과 강대국들의 속셈이 사전에 계획된 것이었다. 소련의 의도는 동유럽 국가들처럼 북한지역을 공산화할 의도를 갖고 있었다. 소련은 서둘러 남한과 연결된 전화를 끊고 철도와 도로를 차단시켰다. 스탈린의 9월 20일 전문 지시 하에 북한에 단독정부 수립 계획을 신속히 실행해 나갔다. 로마노프 소장 사령관에게 북측에 민정청을 세워 북한의 행정을 총괄하게 하고 지방에는 군경무사령부를 세워 공산화 과정 전부를 통솔하도록 했다. 그러나 소련은 모든 행정권을 북한에게 맡겨 민주적으로 다스리는 것으로 한다고 선전 했다. 1945년 8월 15일 일본이 항복하자 스탈린은 공산주의 사상으로 교육되고 무장된

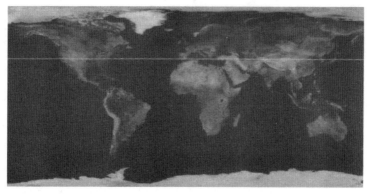

▲ 한반도 분단의 기준이 된 위도 38도선

김일성(1912~1994)을 북한의 지도자로 내세워 북한으로 입성시켰다. 김일성 일파는 독립군으로 부각시켜려 했지만 소련군 88특별여단은 혼성부대(중국인,한국인.외국인)로써 일본의 항복 후에 공산정권 수립에 활용할 정치인을 훈련하는 곳 이었다. 그러므로 실제로 일본군과의 전투 경험이 없었기에 9월 22일 평양에 도착한 김일성은 33세로 군사위원 레제제프 소장에게 일본군과 싸웠던 독립투사로 소개할 것을 요청했다. 평남인민 정치위원회 주최로 열린 소련군 환영 군중대회에서 김일성을 민족의 영웅, 김일성장군으로 소개했다. 이후 김일성은 소련의 후원을 받는 작은 스탈린이 아니라 주체성을 가진 민족지도자로 변조되고 위장되었다. 김일성은 어디를 가나 소련은 세계에서 가장 살기 좋고 가장 행복한 나라라고 찬양하며, 소련이 없었으면 한반도의 해방도 없었을 거라고 선전 선동하고 다녔다. 집회나 행사에서나 연설이 끝나면 반드시 '스탈린 만세'를 외

▲ 김일성을 "위대한 지도자"로 추앙하는 개인 숭배 현상의 일환인 '아리랑 축제'모습

쳐댔다. 그렇게 북한은 남한과 전혀 다른 공산주의의 길로 들어서고 있었다.

흩어지면 죽고 뭉치면 산다

1945년 10월 16일, 애국자 이승만은 조국을 떠난지 33년 만에 조국에 입국했다. 태평양지구 사령관인 더글라스 맥아더 (Douglas Mac Arthur)의 도움으로 귀국하게 된다. 맥아더 장군은 이승만이 주창한 반소입장과 한반도에서 공산주의자들의 입지를 막고 남한에 파견될 미군과 협조해 자유민주주의의 정권 수립에 앞장서겠다는 주장에 큰 호감을 갖고 있었다. 이승만은 도착한 바로 다음날인 17일, 중앙청에 모여든 5만 명의 군중 앞에서 "흩어지면 죽고 뭉치면 산다. 남과 북, 좌우를 막론하고 모든 정당 정치세력들이 일치단결하여 나라를 세우며

▲ "뭉치면 살고 흩어지면 죽는다"를 외치는 이승만

나갑시다. 한국민이 하나로 뭉쳐 완전한 독립 국가를 세워야한 다.”라고 외쳤다. 그리고 “대한민국은 반공산국가여야 하며 공산주의와는 공존할 수 없다.”라고 강조했다. 이에 ‘독립촉성중앙협의회’를 결성하였다. 해방 후 대한민국의 완전한 건국은 불과 거친 파도를 넘어야 하는 험난한 것이었다. 서울에는 이미 또 다른 남한의 조선공산당이 있었다. 한민당. 특히 남로당 (남조선 노동당)에 대표 박헌영 (1900~1955)이 있었다. 일찍이 공산주의 사상을 소련에서 철저하게 교육받은 인물이다. 그는 충남 예산 출생으로 소련의 이르츠쿠파 고려공산당에 입당하면서 공산주의자가 됐고 사회주의자 운동가였다. 박헌영이 이끄는 국내 조선공산당 혁명조직이 있었다. 김일성은 조선공산당은 평양에 있어야 한다고 주장했다. 국내파 공산주의자들의 반대 여파로 김일성은 북조선분국에 만족해야 했다, 대신에 국내 기반이 없었으므로 전적으로 소련에 의지해야 했다. 이에 남한

▲ 김일성과 소련 최고인민회의를 참관한 박헌영(왼쪽에서 두번째)

공산당에 대해 일제 강점기에 끝까지 투쟁하지 못했다고 비난하며 제거하려 하였다. 박헌영은 1946년 1월 8일 '뉴욕타임즈'와의 기자회견에서 소련만의 한반도 신탁총치를 찬성하며 조선은 소련의 연방국으로 편입될 것을 주장했다. 공산주의자들은 미국은 우리를 돕지 않는다. 그러나 소련의 도움으로 우리가 독립을 성취해야 한다는 주장으로 청년들과 백성들을 거짓말로 회유하며 선동했다. 절망과 실의에 빠져 있던 백성들에게 희망을 갖게 하여 많은 호응을 얻어 공산주의가 확대되어 나가기 시작했다. 7월 12일 조선공산당 위폐 사건을 계기로 좌익 세력에 대한 탄압국면이 전개되면서 9월 6일에 미군정이 박헌영 등 공산당 핵심간부에 대한 검거를 감행하려 하자, 하루 전인 9월 5일 관 속에 누워 영구차 행렬로 위장하여 북한으로 탈출하게 된다. 1948년 9월 9일 북한에 정권이 수립되자 부수상 및 외상에 취임하였으나 세력기반이 남한에 있는 그는 소련을 등에 업은 김일성에게 실권을 빼앗겼다. 1955년 12월 15일 김일성에 의해 평안북도 내의 산골에 감금되어 고문을 받고 미국의 첩자, 정부 전복 음모 등의 죄목으로 사형으로 처형되었다. 6.25전쟁 발발 원인에 관한 북한의 남침설 주장에, 한 갈래로 박헌영이 자신의 지지기반인 남한을 해방하여 자신의 세력을 만회하려 했던 음모가 김일성에게 발각된 것이다.

모스크바 3상 회의와 김일성 등장

1945년 12월 '모스크바 3상회의 (The Moscow Conference of Foreign Ministars)선언문'이 발표됐다. 한반도에 임시정부를 수립하여 연합군이 공동으로 신탁통치를 하고 이것을 실행하기 위해 '미소 공동위원회'를 설치하자는 내용이었다. 국내에서는 12월 23일, 서울에서는 신탁통치를 반대하는 우익과 처음엔 반대하다가 1월 3일 소련의 지령으로 찬탁으로 돌아선 좌익의 시위가 벌어졌다. 조선공산당도 1946년 1월 3일 신탁통치에 찬탁으로 하는 맹렬한 시위를 벌였다. 2차에 걸친 미소 공동위원회는 아무런 성과를 내지 못했다. 미국은 좌우합작 정부수립을 원했고 소련은 좌익정부수립을 원했기 때문이었다. 소련은 미국과 합의하여 통일정부를 세울 마음이 전혀 없었다. 이런 사이에 1946년 2월 8일 김일성은 본격 북조선임시인민위원회

▲ '붉은군대 환영 평양시민대회'에 참석한 김일성

를 창설하고 바로 '인민정권'이라고 부르는 북한 단독 정부를 탄생시켰다. 그와 동시에 민족의 영웅, 위대한 영도자, 김일성 장군의 노래 등이 등장하며 우리 민족의 태양으로 묘사되는 등 김일성 우상화 작업이 본격적으로 시작되었다. 북한 내에 기독 교인들을 모두 감금하거나 숙청하였고 교회는 모두 파괴하여 흔적을 지웠다. 김일성은 공산주의 유물론 사상으로 자신을 신 격화하는 데 열을 올렸다. 이미 공산혁명을 시작한 것이나 다 름 없었다. '북조선 인민위원회'를 만들고 토지개혁법을 발표 하였다. 토지소유권은 국가에 있고 매매, 소작, 저당이 금지되 고 경작권만 주어졌다. 지주들을 '부르조아'(경제 정책으로 부를 축척한 유산 계급)라고 하여 숙청되었다. 본격적으로 공산당 혁명 노선의 길을 구체화하는 것을 시작한 것이다. 토지 개혁은 북 한 사회의 기성 엘리트층을 급격히 감소시키는 결과를 가져 오 게 된다. 1946년 3.1절 기념행사에서 김일성은 '독립선언서'에 대한 언급조차 없이 해방과 자유를 가져다 준 소련에 감사의 뜻을 강조했다. 김일성은 북한을 먼저 공산화한 후에 다음에 남한도 공산화해야 한다고 주장했다. 그리고 남한의 이승만은 '민족의 파시스트'(국수주의, 권위주의)로 규정하여 타도해야 한 다고 강조했다. 당시에 평양을 한반도의 예루살렘이라고 평하 였다. 그중에 가장 큰 대형교회인 평양의 장대현교회에서는 5 천 명의 기독교인들이 모여 3.1절 기념예배를 드린 다음 1919 년의 '독립선언서'를 낭독하고 가두시위를 벌였다(현재 장대현교회를 부수고 그 위에 김일성, 김정일 동상이 세워져 있다). 신의주 동교회에서도 수천 명의 교인들이 독자적인 예배를 드렸으며 3.1절 예배를 강행했다. 이와 같은 일은 신의주 제2교회를 비롯한 평안도의 여러 교회에서도 일어났다. 그들은 공산정권이 주최한 기념식에 참석했던 친공산주의적인 세력의 습격을 당했다.

북조선임시인민위원회는 1846년 8월 1일에 산업, 교통, 운수, 체신, 은행 등 모든 전반에 걸친 국가 산업 기관 등을 국유화하는 법령을 재정했다.

여운형, 김규식, 김구 등은 "우리 민족이 두동강이 나서는 안 된다."면서 남북한 통일정부를 위해 1948년 4월 19일, 38선을 넘어 북측으로 넘어 갔으나 북녘 공산주의자들의 사상과 이념 주장에 실패하고 돌아왔다. 이때 김구는 북한의 잘 준비된 소련식 군대 행렬과 남한의 저조한 무기에 비해 소련군 무기로 무장한 군대와 김일성 아래 공산당의 전문화 되어가는 조직을 보게 되었다. 또한 남한의 어수선한 정국과 비할 때 자유민주주의 건설은 남한에서 어렵다고 판단했다. 성경에 나오는 12명의 정탐꾼 중에서 여호수아와 갈렙이 아닌 10명의 정탐꾼에 속한 판단을 하게 된 것이다.

1946년 2월 소련은 어느 정도 북한에 공산화가 자리를 굳혀 가게 되자 남한 공산화에 대한 기대를 저버리지 않았다. 미소 공동회담은 무기한으로 연기된 상황에서 이대로 가다간 남한도 공산화가 될 위험에 처하게 되었다. 1946년 6월 이승만은 전북 전읍에서 의미심장한 발언을 했다. "무기 휴회된 미소 공동위원회가 다시 시작될 기색도 보이지 않으며, 통일정부를 고대하나 여의케 되지 않으니, 우리는 남한만이라도 임시정부 혹은 위원회 같은 것을 조직하여 38선 이북에서 소련이 철수하도록 세계 공론에 호소하여야 할 것이니, 여러분도 결심하여야 할 것이다" 정읍 발언은 또 다시 일본의 치욕에서 벗어난 조선이, 공산당 소련의 치욕으로 연결되지 않기를 바라는 발언이었다. 국내외 정치 현실과 미래 예측에 의한 소신 있는 발언이었다. 이 당시에 전 세계가 공산주의에 호의적이었다. 이런 상황 속에서 그는 기독교인으로서 자유민주의와 공산주의가 함께 갈 수 없다는 것을 반증한 것이다, 공산주의의(유물론) 반대는 기독교 사상인 것이다. 공산주의는 인민의 낙원이라고 평등을 선전하지만 역사가 증명하듯이 인민의 자유를 박탈한 하나의 거대한 조직인 것이다. 이승만은 이 당시에 세계를 향한 1인 시위를 한 것이나 다름없었다. "인간에게는 자유로워지고자 하는 본성이 있다. 그런데 공산주의는 그 인간의 기본적이고 원초적인 본성, 하나님이 인간에게 준 고귀한 자유를 박탈하기 때문에 결국은 망할 수밖에 없다." 이승만은 대한민국의 자주 독립을 외쳤다. 좌우합작정부를 원하는 미국을 향해서도 조금의 물러섬이 없었다. 또한 이 당시에 세계 기류가 좌우합작을 주장하는 정치인들의 인기가 많았다. 1917년 소련이 볼세비키 혁명으로 공산화가 되고 그 영향이 동쪽으로 중국, 몽골까지 확장되어 북구라파 전체와 북한을 비롯한 여러 국가 대부분이 좌파 연립(사회주의 성향의 당끼리 연합)으로 시작해서 소련을 중심으로 44개국이 공산화되어 갔다. 전 세계가 이렇게 공산화로 붉게 물들게 되자, 좌우합작 정책을 고수하던 미국이 변하기 시작했다. 동유럽을 포함해 그리스와 터키마저 공산화하려는 소련의 야심찬 공산화를 확인한 미국은 1947년 3월 12일 냉전 시작을 알리는 해리 S. 트루먼대통령이 의회에서 트루먼 독트린(Truman Doctrine) 선언을 발표했다. 주된 내용은 미국이 전쟁으로 피폐화된 반공산주의 정부를 도와주겠다는 것이었다. 결국 공산주의가 전 세계로 확산되는 것을 막으려는 신호탄으로써 자유와 독립유지에 기여하는 한편 고립주의로 일관한 당시 미국정부의 적극적인 대외 외교정책으로 군사적·정치적 지지를 선언한 것이다. 미국이 직접적으로 공산주의의 확산에 대한 위기론을 받아들임으로써 소련을 적으로 간주하는 냉전 시대로 접어들었음을 보여준 것이다. 미국은 소련에 대한 유화정책을 버리고 강경 정책으로 전환하였다. 칼 하인리히 마르크스의 과학적 사회주의, 공산주의를 바탕으로 한 제국주의적 대외정책의 실상을 확인하게 된 것이다. 그 후 40년간 반공 정책을 추진 한 결과 1991년 공산주의 종주국 소련의 붕괴의 시작으로 공산주의 세력은 쇠퇴되기 시작했다. 트루먼 독트린은 미국 외교정책의 기조가 되는 평가를 받게 되었다. 이에 미국정

부는 이승만의 정책에 두 손 들어 환영했다. 대한민국은 이승
만의 뜻대로 반공정권으로 수립돼야 함을 인정한 것이다, 미국
은 적극적으로 지원 했다. 그러므로 북한의 김일성은 남한과의
모든 타협을 거부했다.

그러나 1946년 8월 군정청 여론조사에서 8천 명의 한국민을
대상으로 한 여론조사에서 70%의 백성들이 사회주의를 찬성
했다. 공산주의에 실체를 잘 모르고 있었기 때문이었다. 12월
4일 이승만은 새로운 결심을 갖고 미국으로 떠났다. 일본 도쿄
에서 맥아더를 만나 담소를 나누고 워싱턴으로 향했다. 그리고
미소공동위원회를 통해 한반도에 통일정부를 수립하는 것이
북한에 소련 주둔으로 어렵다는 것을 정부와 언론에 주장했다.
미군정의 좌우합작을 정식으로 비난했다. 이에 이승만은 자유
롭고 민주적인 조선의 건국은 극동의 평화를 위하여 미소 공동
위원회가 아닌 UN이 맡아야 한다는 생각을 하게 된다. 1947

▲ 조선인민군 창설 행사 모습

년 2월 14일 김구는 자신이 이끄는 비상 국무회의에 이승만의 민족통일본부와 대한독립촉성국민회를 흡수하여 국민의회를 만들었다. 국민의회라는 의회가 성립되었기에 김구는 중경정부를 과도정부로 바꾸려 했다. 이승만은 이러한 김구의 과격한 행동에 동의하지 않았다. 이때 미국은 골칫거리인 한반도 문제에 관하여는 소련과의 협상을 완전히 배재하지는 않았다. 미국의 제안으로 제1차 미소공동위원회가 개최되었지만 양국의 입장 차이로 아무런 성과 없이 무산되었다. 1947년 5월 21일 제2차미소공동위원회가 덕수궁에서 개최됐다. 소련은 조선임시정부 수립안을 내놓았지만 북한과 남한의 좌익에 유리한 것이었다. 이승만은 한국인들 스스로 자율적 임시정부를 세운다는 목적하에 '한국민족대표자대회'를 발족시켰다. 그러나 좌익적 성향의 인물들과 의견차로 일치를 이끌어 내지 못했다. 미국은 자유는 포기할 수 없는 원칙임을 고수하며 소련의 요구에 정면 반박했다. 미국의 국무장관 마셜(George C. Marshall) 장관은 남한에 대한 적극적인 조치가 필요함을 알게 되었다. 북한은 이미 상당한 병력을 보유하고 있어 미군이 철수하면 내전이 벌어지고 결국 소련이 한반도를 지배하게 될 것이라고 주장했다. 국내 정치세력도 통일정부수립을 위해 공동위원회 참가는 불가피하게 되었다. 신탁문제는 임시정부수립 뒤 독립과 통일을 중시하는 민족주의로 반대해야 함에 적극 동조하였다. 1947년 9월 16일 미국은 한반도의 전략적 가치를 낮게 평가하며 한반도 문제를 해결하기 위해 통일정부수립의 명분을 유지하며 UN에 넘기겠다는 뜻을 소련에 알렸다. 10월 17일 한반도 문제를 유엔에 제출했다. UN총회는 11월 14일 미국 안을 통과시키고 UN 한국임시위원단을 구성하였다. 이것은 남한의 우익의 승리이기도 하였다. 이에 한국의 독립문제를 UN으로 옮기게 됐다. 당시 UN 총회 소련 수석대표 비산스키(Vyshinski A.Y.)는 한국문제의 UN 상정은 미소간의 협정을 직접 위반하는 것이라고 강하게 반박했다. 미국은 UN의 감시 아래 남북한 비례에 따라 국회의원을 뽑는 총선거를 하자고 제안했다. UN에서는 남북한 자유선거와 UN한국의원단의 파견을 결의했다. UN한국임시위원단의 역할은 1948월 3월말 이전에 한반도에서 총선거를 실시하여 남북합작 전국적인 의회와 정부를 세우도록 돕는 것이었다. 그러나 남한의 인구가 북한의 두 배 이상 달했기 때문에 불리하다고 판단한 소련은 미국의 제안을 반대했다. UN은 소련의 반대에도 불구하고 본회의에 부쳤고 압도적인 투표 결과로 남북한 총선거를 결정했다. 북한을 점령하고 있던 소련은 UN 한국 임시위원단의 북한 방문을 거부했다. 또한 1947년 10월 24일 남조선노동당은 UN의 개입을 비난하는 담화문을 발표하며 남한민주당과 남한독립당의 부당함을 비난했다. 남한의 좌우 합작론자들은 북한을 방문하여 북한의 김일성을 설득하여 남북한이 합쳐야 함을 설득했지만 이미 소련의 계획에 따라 공산국가가 되기 위해 헌법까지 만들었다. 김일성은 스탈린의 지령에 의해 움직였기 때문에 아무런 성과를 거두지 못했다. 1947년 9월 29일 미국은 주한미군 철수결의안 채택을 선택하게 된다.

5.10자유총선거와 제주4.3사건

1948년 1월 8일 UN한국임시위원단이 서울에 도착했다. 덕수궁에서 중국인 호세택 사무총장의 사회로 첫 번 회의를 열고 임시의장으로 인도대표 메논이 선출됐다. 대부분의 의원들은 하나같이 남북한에 총선거를 통한 통일정부가 세워져야 한다고 강조했다. 그러나 소련과 김일성은 즉각 UN 한국임시위원단의 북한방문을 반대해 북한에서 선거가 치러질 희망이 사라졌다. 찬성과 반대의 의견이 팽팽해지자 UN한국임시위원단은 사무총장 호서택과 의장 메논을 UN본부로 보냈다. UN 소총회에서 한반도의 자유총선거를 남한만이라도 선거할 것을 결정했다. 남한의 우익들은 환호했다. 대한민국에는 자유민주주의와 공산주의가 혼합된 상태가 아닌 '자유민주주의'에 기초한 건국의 토대가 확고해진 것이다. 북한과 뜻을 같이 하는 좌익들은 남한에서 자유민주주의 국가가 세워지는 것을 원치 않았으므로 총선거를 앞두고 선거 사무소에 습격, 방화, 입후보자에 대한 테러, 경찰관 습격 등 폭력행위를 전국각지에서 일으켰다. 1948년 5월 10일 대한민국 제헌국회의원을 선거의 기틀을 마련한 첫 번째 자유 총선거는 95.5%라는 경이로운 투표율을 기록했다. 한국 민주주의의 승리와 발전에 큰 의미가 있었다. 남한지역에서 총선거를 실시하게 된 배경에는 이승만의 눈부신 대내외 활동의 영향이 컸다. 이승만의 결단으로 남한 단독 정부 수립 안이 제기되지 않았다면 독립정부는 지연됐을 것이다. 남한의 국민들과 사회는 혼돈 속으로 더욱 심화되어 예측 불가능한 상황으로 빠져들 수도 있었다. 그러나 이승만의 오랜 애국활동이 자유민주주의와 평등사상으로 대한민국 건립이 이어진 것이다. 모든 국민에게 남녀차별과 신분차별 없이 21세 이상 누구나 균등한 자유의 권한을 주었으니 조선말기 후에 일어난 엄청난 개혁이었다. 신분제라는 틀 안에서 갇혀 있던 민족에게 건국 이래 역사상 한반도에서 처음 실시하는 전 국민 자유총선거였던 것이다.

이런 가운데 1948년 4.3 폭동이 일어났다. 공산주의자들이 대한민국 건국을 반대하기위하여 제주도에서 일으킨 폭동이었다. 남로당 공산당 간부와 김달삼 외 400여명의 폭도들과 협조자 1000여명이 5.10 남한의 자유총선거를 반대하기 위하여 4월 3일 새벽 2시, 12개 경찰지서를 공격하고 무고한 경찰들을 총과 대창으로 살인하고 양민을 학살하는 폭동을 일으켰다. 제주도 3개선거 구 중 2개 선거구를 폭력으로 쟁취하는데 성공했다. 2월 7일에는 제주도에서 UN한국임시위원단의 활동을 저지하는 투쟁을 벌이기도 하였다. 그리고 연장선에서 남한정부 반대시위를 벌이기도 하였다. 또한 북한의 8.25선거에는 제주 유권자 80%인 5만2천 명이 넘는 인원을 참여하게 하여 북한을 지지하였다. 남로당 제주도당 대표 김달삼은 8월 25일 몇 명의 대원들과 함께 직접 북한 해주에서 열린 인민대회에 참석하여 북한 건국에 앞장서 '김일성 만세'를 외쳤다. 현재까지 공산주의 좌파에서는 제주 4.3사건을 이승만의 대표적 실정 중 하나라고 비판해오고 있다. 진압 과정 중에 피해를 본 양민들을 내세운 것이다. 그들의 책략인 것이다.

제주 4.3사건은 대한민국 건국을 부정하는 공산당 조직 남로당의 내란이었던 것이다. 1948년 5.10선거가 국내 좌익단체들의 반대에도 불구하고 비교적 평온하게 치러졌다. 5.10선거가 끝나자 5월 14일, 북한은 남한에 대한 물과 전기공급을 끊었다.

대한민국 건국. 제헌 국회기도

1948년 5월 31일에 대한민국 법을 만드는 제헌국회가 문을 열었다. 국회의장으로 선출된 이승만은 개회사를 통하여 "우리가 오늘 대한민국 제1차 국회를 열기 위해 모인 것입니다. 우리가 오늘 있게 된 것에 대하여 첫째로 하나님의 은혜요, 둘째로 우리 애국선열들의 희생적 혈전한 공덕과, 셋째로는 우리 우방 특히 미국과 국제연합의 공의상 원조를 깊이 감사치 않을 수 없을 것입니다. 우리는 민족의 공선에 의하여 신성한 사명을 띠고 국회의원 자격으로 이에 모여 우리의 직무와 권위를 행할 것이니 먼저 헌법을 재정하고 대한독립민주정부를 재건설하려는 것입니다.(중략) 기미년 3월 1일에 우리 13도 대표들이 서울에 모여서 국민대회를 열고 대한독립민주국임을 세계에 공포하고 임시정부를 건설하여 민주주의 기초를 세운 것 입니다." 라고 말했다. 이렇게 대한민국 최초의 헌법을 제정하여 국회는 제헌국회로 감격스러운 날이었다. 이승만은 대한민국 독립 민주국 국회를 열게 하신 하나님께 먼저 감사기도로 시작하자고 제안하면서, 북한에서 월남해 국회의원으로 당선된 이윤영 목사에게 개원식 기도를 부탁했다. 국회를 시작하기 전 하나님께 기도를 드렸다. 재헌 국회의원들과 모두 일동 기립하였다.

제헌 국회 기도

이윤영 의원 국회속기록 1면에 기록

이 우주 만물을 창조하시고 인간의 역사를 섭리하시는 하나님이시여. 이 민족을 돌아보시고 이 땅에 축복하셔서 감사가 넘치는 오늘이 있게 하심을 주님께 저희들을 성심으로 감사하나이다. 오랜 시일동안 이 민족의 고통과 호소를 들으시사 정의의 칼을 빼셔서 일제의 폭력을 굽히시사 하나님은 이제 세계만방의 양심을 움직이시고 또한 우리 민족의 염원을 들음으로 이 기쁜 역사적 환희의 날을 이 시간에 우리에게 오게 하심은 하나님의 섭리가 세계만방에 헌시하신 것을 믿나이다.

하나님이시여, 이로부터 남북이 둘로 갈리어진 이 민족의 어려움과 수치를 신원하여 주시고 우리 민족, 우리 동포가 손을 같이 잡고 웃으며 노래 부르는 날이 우리 앞에 속히 오기를 기도하나이다.

하나님이시여, 원치 아니한 민생의 도탄은 길면 길수록 이 땅에 악마의 권세가 확대되나 하나님의 거룩한 영광은 이 땅에 오지 않을 수 없을 줄 저희들은 생각하나이다. 원컨대 우리 조선독립과 함께 남북통일을 주옵시고 또한 민생의 복락과 아울러 세계평화를 허락하여 주옵소서.

거룩하신 하나님의 뜻에 의지하여 저희들은 성스럽게 택함을 입어 가지고 글자 그대로 민족의 대표가 되었습니다. 그러하오니 우리들의 책임이 중차대한 것을 저희들은 느끼고 우리 자신이 진실로 무력한 것을 생각할 때 지와 인과 용과 모든 덕의 근원되시는 하나님께 이러한 요소를 저희들이 간구하나이다.

이제 이로부터 국회가 성립되어 우리 민족이 염원이 되는

모든 세계만방이 주시하고 기다리는 우리의 모든 문제가
완만히 해결되며 또한 이로부터서 우리의 완전 자주독립
이 이 땅에 오며 자손만대에 빛나고 푸르른 역사를 저희
들이 정하는 이 사업을 완수하게 하여 주옵소서

하나님이 이 회의를 사회하시는 의장으로부터 모든 우리
의원 일동에게 건강을 주옵시고 또한 여기서 양심의 정의
와 위신을 가지고 이 업무를 완수하게 도와주시기를 기도
하나이다.

역사의 첫걸음을 오늘의 우리의 환희와 우리의 감격에 넘
치는 이 민족적 기쁨을 다 하나님에게 영광과 감사를 올리
나이다.
이 모든 말씀을 주 예수 그리스도 이름 받들어 기도하나이다.
아멘!

이승만은 정부수립을 서둘렀다. 그해 9월에 UN 프랑스 파리
에서 열리는 총회에서 승인을 받아야 하기 때문이었다. 1948
년 6월 3일, 국회는 서상일을 위원장으로 30명 기초의원이 선
출되고 법조계 전문의원 10명이 전문의원으로 선출됐다. '헌법
및 정부조직법 기초위원회'를 구성하여 헌법 초안을 만들기 시
작했다. 국호에 대한 것은 6월 9일에 표결에서 7월 1일날 정식

으로 '대한민국'(Republic of Korea, ROK) 로 결정되었다. 7월 12
일 헌법이 제정되어 17일에 공포되었다. 국호 또한 '대한민국'
으로 헌법에 기록했다. 우리 민족의 역사적인 순간이었다.

이승만은 헌법기초위원회를 미국식의 대통령 중심제로 결정
했다. 정치적 민주주의와 경제적 사회주의와의 조화를 내세우
며 권력구조를 내각책임제로 주장하는 세력들도 있었지만 미
국에서 공부하고, 미국식 정치제도를 선호하고 익숙한 그가 대
통령제를 선택한 것은 어쩌면 당연한 일이었을 것이었다. 이승
만이 오랜 세월 가난과 무지와 억압에서 국민이 주인인 나라,
자유민주주의와 또한 자유시장 경제원리. 미국의 자유민주주
의를 기반으로 한 정치적, 경제적 부국강병을 꿈꾸었다.

1948년 7월 20일 헌법에 규정된 절차에 따라 실시된 대통령
선거에서 재적의원 196명 중 180표를 얻어 이승만이 당선되
었다(이승만 180표, 김구 13표, 안재홍 2표, 무효1표). 부통령은 이시
영이 선출되었다. 5.10 자유 총선거를 통해 198명의 국회의원
으로 선출돼 선거한 결과였다. 7월 24일 이승만은 중앙청 광장
에서 열린 초대 정·부통령 취임식에서 "나 이승만은 국헌을 준
수하며 국민의 복리를 증진하며 국가를 보위하며 대통령의 직
무를 성실히 수행해 나갈 것을 선서합니다. 정부수립 선포와
함께 대한민국 정부가 공식출범했다. 왕정시대가 끝나고 민주
공화정이 시작되는 역사적인 순간이었다. 이승만은 초대내각

구성원을 대부분 독립 운동가들로 구성했다. 1948년 8월 15일 초대 대통령 이승만은 민족의 대동단결, 자유민주주의의 공화국, 대한민국의 건국과 정부수립을 세계만방에 선포했다.

8월 5일을 기점으로 정부조직을 완료하고 UN한국임시위원단과 하지 군정사령관에게 차례로 정부수립을 정식으로 통보했다.

대한민국 정부 수립승인은 그 당시 모든 국내외 여건과 상황을 고려할 때 쉽지 않은 것이었다. 그러나 이러한 악조건 속에서 우리 정부에서 정식으로 파견된 김준구, 장기영, 김우평, 정일형, 모윤숙, 조병욱, 장면, 김활란 등 9월부터 12월까지 활동하면서 마침내 한반도가 우리의 합법정부임을 승인하는 결의안이 최종적으로 통과됐다.

▲ 유엔의 한국 승인 소식에 자축하는 국무위원

국회 제1회 폐회식 치사

금번 의회에 있어 여러분께서 큰 성과를 거둔 것을 먼저 치사하는 바이다. 그동안 입법부와 행정부 사이에 다소 알력이 있었던 것도 민주 정치를 하여 나가는 데에는 있을 수 있는 일이라 할 것이다. 물론 사상을 달리하여 사태가 여하히 되든지 오불관이라는 태도라면 모르지만, 얼마동안 서로 싸우다가 최후에 가서는 법적으로 모든 일을 잘 해결하여 나감은 반가운 일이라 할 것이다. 금번 회기 중에 여러분이 제시한 농지 개혁법은 특히 민중의 대환영을 받을 것이다. 본 농지 개혁법에 대해서는 지주들에게 과히 억울하지 않게 하여야 할 것인데, 내가 본 바로는 그리 치우치지 않게 잘 되었다고 생각하는 바이다. 그리고 미국의 원조 물자에 대해서는 민주 진영을 위해서 싸우는 나라에 주는 바, 이에 대해서는 앞으로 국회의 형식적인 동의를 필요로 할 것인즉, 유의하여 주기를 바란다. 우리는 만일

▲ 광복 직후 남아있는 유일한 사진으로 마포형무소 앞에서 석방된 독립운동가들

공산화된다면 남의 구속을 받을 것인즉, 우리 차라리 죽는 한이 있더라도 공산주의를 면하여야 할 것이다. 이 세상은 공산과 민주 양진영이 공존할 수 없을 것이며, 미국 친구들도 말하기를 둘 중에 하나는 죽어야만 세계가 평화롭게 될 것이라고 하고 있다. 그러므로 조만간 승패를 규정하게 될 것이다. 우리도 이 공산주의 진영과 투쟁하여 민주 진영을 만들어 독립 국가로 출발하게 된 것인 바, 여러분도 한마음 한뜻으로 굳게 단결하여 민주국의 발전을 기하도록 노력하여 주기를 바란다.

반민족 행위 처벌법

1948년 9월 반민족 행위 처벌법을 만들었다. 국회는 '반민족 행위특별조사위원회(반민특위) 기초특별위원회' 구성을 발의하고 통과시켰다. 제헌 헌법에서도 '국회는 1945년 8월 15일 이

▲ 반민족행위자 재판 모습(1949)

전의 악질적인 반민족행위를 처벌하는 특별법을 제정 할 수 있다'라고 당시의 민심이 어떠했는지를 알 수 있다. 해방 후 국민들은 일제 강점기의 친일파 행위자들에 대한 처벌은 피 할 수 없는 민족의 과거 청산의 과제였다. 그러나 이승만은 친일파 청산을 속시원하게 원수를 갚지 못했다. 왜냐하면 반민법심의가 한참일 때 4.3폭등과 14연대 반란과 대구 6연대반란으로 폭동과 내란과 반란 우려 때문에 신중하게 처리할 문제였다. 더 큰 이유는 친일파를 청산하는 것보다, 발등에 떨어진 국내 좌익세력이 된 공산주의의 확산을 막는 것이 더 시급한 과제였다. 해방 이후 소련을 중심으로 한 북한의 한반도 공산화 계획을 이승만 대통령은 예견하고 있었던 것이다. 그래서 이승만 대통령은 국가의 안정을 위해 적을 내편으로 만드는 지혜를 발휘하여 외유내강을 선택했는지도 모른다. 예를 들어 일제시절에 일본의 관료생활을 했던 신현확(1920~2007)을 장관으로 임명했다. 미국으로부터 앞장서서 구호물자를 받아 전 국민을 먹여 살리는 역활을 하게 했다. 그는 명석한 두뇌로 당당하게 치밀한 전략으로 국내에 유리한 쪽으로 일을 수행했다. 아이젠하워 미국 대통령이 이승만 대통령에게 보낸 편지에서 이렇게 유능하고 탁월한 공무원을 거느린 이승만 대통령이 부럽다고 할 정도였다. 신현확은 후에 박정희 정권에서 경제부총리로서 지금도 전 세계에서 가장 인정받고 있는 제도인 의료보험제도를 만든 인물이다. 또한 그 당시 일본은 문물과 기술이 대한민국

보다 탁월했다, 그것을 조선 사람들이 적극 기술을 익히는데 찬성했다. 1954년 1월 평화선 선포 2주년을 맞이해 독도에 '한국령(이승만 라인. 북위 38도 동경 132도 50분, 북위 32도 동경 124도)이라는 표지석을 세워 독도가 한국 영토임을 분명히 했다. 나라의 이권을 위한 정책으로 이승만 정권 아래 많은 친일파세력이 용서를 받았다. 그러나 아직도 남아있는 기록에 의해 후세의 이해보다 과오로 남아있는 부분이 있다 할 것이다.

이승만 라인(평화선)

자유와 평등의 권리. 농지개혁과 교육개혁

5천년이 넘는 동안 왕조시대부터 내려온 불평등과 신분차별을 없애는 일이 농지개혁이었다. '개인의 재산을 국가가 몰수하지 않는다'는 농지개혁은 자유와 평등을 실제한 역사적 사건이었다. 계급사회로 점철된 주종관계, 불합리한 제도는 땅의 소유자가 조상대대로 지배계층의 것이었다. 농지개혁은 사람을 물건으로 사고파는 노비제도 등 차별 사회를 없앤 것이다. 전국의 대부분이 농민이었던 그 당시 결코 제도만으로 해결할 수 없는 많은 난제들이 있었다. 결국 사유재산을 존중하는 남한의 농지개혁과는 달리 북한의 토지개혁과는 (6.25전쟁 전 국가에 25% 이상 현물세를 냄. 6.25전쟁 후 경작권 박탈, 단체 농장체제) 완

▲ 농지를 개혁한 이승만 대통령을 반기는 농민들

전히 반대된 개혁이었다. 대한민국 제헌 헌법 제86조에 농지개혁을 명확히 기록해 놓았다, 국가의 소유가 아닌 자유시장 경제원리를 근간으로 사유재산을 인정하는 것이다.

농지(토지)개혁은 한국의 근대화에 발판을 마련한 것이다. 토지개혁의 목적은 소작농을 자작농으로 전환하는 것이며 지주는 산업 자본가로 육성해 궁극적으로 농업과 공업을 병행시킴으로 전 근대화의 시발점을 구축한 것이다. 또한 이승만이 토지개혁을 하려했던 주된 하나는 국민들에게 반공산주의 정신을 일깨워주려는 의도가 포함되어 있었다. 이승만이 공산주의와 대립관계에서 가장 탁월하게 성공한 것은 토지개혁이다.

북한은 1946년 3월 우리보다 먼저 농지개혁을 단행했다. 토지개혁법령 제5조에는 "몰수한 토지 전부는 농민에게 무상으로 영원히 잉여한다."라고 하고 있다. 그러나 제10조에는 "농민에게 분여된 토지는 매매치 못하고 소작농을 주지 못하며 저장하지 못한다."라고 돼있다. 이는 농민에게 '소유권'이 아닌 '경작권'만 준 것으로 강제 국유화인 것이다.

이승만은 농지개혁의 취지를 발표하면서 북한 공산주의자들의 자본가를 없애야 한다는 주장을 반박하기도 했다. "공산주의자들의 토지개혁정책이 우리와 다른 한 가지는 소위 자본주의라는 것이다. 그 사람들은 토지분배로 모든 금융과 각종 재산을 다 평균히 분배해 자본가를 없애야한다 라고 말하지만 우리는 자본가가 있어야 경제가 유통되어 민중이 다 살 수 있다.

1948년 12월 4일 토지개혁 문제 이승만 대통령 라디오 발표문

원래 하나님이 세상을 창조하실 적에 양반과 상놈을 구별하거나 부자와 빈민을 인 쳐서 낸 것이 아닙니다. 모든 사람이 동등으로 천연한 복락을 누리게 한 것인데. 부자는 대대로 부자요, 양반은 대대로 양반을 지냈으니 이처럼 불공평하고 부조리한 일은 없을 것입니다. 지금 우리가 주장하는 민주주의는 반상이나 귀천이라 하는 차별을 다 없애고 모든 국민이 평등, 자유로 타고난 행복과 이익을 다 같이 누리게 하는 것입니다. 이 주장을 세우기 위하여 그 근본적 문제를 먼저 교정하여야만 모든 폐단이 차례로 바로 잡힐 것이므로 토지 개혁법이 유일한 근본적 해결책이라는 것입니다"

'이승만 대통령은 전쟁 수행으로 다른 일을 돌볼 틈이 없었지만 농지개혁만은 예외여서 기회가 있을 때 마다 "공산당을 막으려면 농지개혁을 빨리 해야 해."라고 말했다. 대통령이 전쟁의 북새통에서도 개혁을 서두른 것은 농지 개혁은 공산당만이 할 수 있다는 북한 공산당의 인민들의 선동을 원천봉쇄해 영세소작인의 반공정신을 일깨우는 것과 피란지주의 생계를 돕는 것, 그리고 군량미 조달의 뜻이 있었다.

〈중앙일보〉1982년 5월 3일자

우리나라가 농업을 근본으로 삼아 자급자족할 농력을 가졌지만 지금은 인구가 해마다 증가하고 있다. 그에 비해 토지는 한정되어 있으므로 그 땅의 소출만 가지고는 민중이 먹고 살 것이 부족하다. 그러므로 자본가를 다 없애고 노동자만 살 수 있게 하자는 것은 우리가 찬성할 수 없는 것이다. 농림부는 1948년 9월 30일 '농지개혁법 기초위원회'를 발족시키고 법안마련에 착수하였다. 그러나 참고자료의 빈약과 각종 통계의 정확성 결여 등으로 많은 어려움과 지주들과의 협상에서 위기가 있었지만 이승만의 과단성 있는 토지개혁으로 6.25전쟁에서 우리가 승리할 수 있었다는 평가가 있다. 세계은행(World Bank)이 발표한 '세계 경제 발전 보고서'에 따르면 경제가 발전하고 쇠퇴하는 이유는 농지개혁과 관련이 있다고 보고하고 있다. 그런데 20세기에 농지개혁을 성공한 나라로서 경제성장 폭이 가장 큰 국가는 대한민국이었다라고 보고하고 있다.

교육개혁

이승만은 어려서부터 교육의 중요성에 대해 들으며 자랐다. 한성감옥시절부터 옥중학당을 만들어 옥중도서관으로 발전하는 교육에 대한 열의가 대단한 사람이었다. 러일전쟁으로 비록 최초 영한사전은 러일전쟁으로 완성되지 못했지만 교육에 남다른 관심을 가졌다. 교육에 관한 책을 여러 권 남기기도 했다. 무지한 백성들을 남녀의 구별이 없이 교육을 받고 더 나아가 신분차별을 없애고 인간답게 살 수 있는 길을 제시해준 것이다. 오랜 관습으로 양반이나 남자만 교육받던 구한말 역시 천민이나 여자는 교육의 기회가 없었다. 이승만은 누구나 똑같은 교육혜택을 주기 위한 교육혁명을 실천했다. 1949년 이에 전국 대상으로 초등학교에 입학할 나이가 되면 모두가 의무적으로 교육을 받도록 '의무교육제도'를 실시했다. 이렇게 함으로써 해방 직후 1958년쯤 80% 이상 이르던 문맹률이 4.2%까지 내려가게 됐다. "모든 국민은 균등하게 교육을 받을 권리가 있다. 적어도 초등교육은 의무적이며 무상으로 한다." 제헌 헌법 16조

농사가 전부였던 조선의 땅에 교육은 특권층의 것이었으나 교육개혁으로 미래 산업화에 큰 기여를 하게 된다. 그 당시 교과서에는 우리조국은 위대한 민족이며, 대한민국은 자유민주주의 국가로서 미래에 발전하는 나라가 될 것이라는 자긍심을 심어주었다. 또한 애국의 중요성과 반공의 정신을 불어 넣어주었다. 이승만은 이렇게 오랜 세월 애국운동 경험을 통해 대한민국을 서서히 자유와 평등국가로 만들고 있었던 것이다. 백성들은 오랜 세월 탄압과 고통 속에 메여 있어 교육은 사실 사치스러운 삶의 일부로 치부하며 살고 있던 시절이었다. 그러나 교육혁명으로 의식이 개혁되고 그로 인한 개화사상을 학습함으로 새로운 미래세계를 바라 볼 수 있게 되었다.

미국과 소련의 분활 점령으로 38선이 정해지고 1848년 8월 15일 대한민국정부가 수립되자 1949년 6월 이승만은 미국에 여러 차례 국군증강을 위하여 무기와 방어지원을 요청했다. 5월에는 트루먼 대통령에게 서한을 보냈다. 북한의 남침에 대비한 남한의 방위가 필요하다며 한·미공동방위협정 체결을 요구했다. 그러나 1950년 1월 20일 미국 국무장관이었던 딘 애

▲ 미래교육에 관심을 쏟으셨던 이승만 대통령 내외(1956년 4월)

치슨(1949~1953년)이 전 미국신문기자협회에서 '아시아에서
위기'라고 언급한 선언에서 애치슨라인이라 불리는 극동방위
선을 발표했다. '미국의 극동방위선에서 한국을 제외 한다'라
는 내용이였다. 결과적으로 대한민국이 미국의 전략적 보호대
상에서 제외 대상이 되었다. 한국의 전략적 가치를 소홀히 여
긴 미국은 대한민국 정부의 반대에도 불구하고 주한미군을 철
수했다. 이에 훗날 이승만 대통령의 프린스턴 대학의 동기였던
델레스(John Foster Dulles)가 6.25가 터지기 1주일 전에 고문특
사 자격으로 대한민국을 방문했을 때, 이승만은 애치슨선언과
군사협조에 미국의 냉담에 불만을 강하게 말하여 서로 언성를
높였다고 한다. "애치슨선언이 틀려 먹었다. 거대한 대륙 중국
이 공산화 되도록 미국이 방치한 것은 큰 실수다. 나중에 미국
이 중국 공산화를 방치한 것 때문에 크나큰 대가를 지불할 것

우리나라 연도별 문맹률(단위 : 명)				
연도별	12세 이상 총 인구수	12세 이상 국문 해독자 수	12세 이상 문맹자 수	문맹자 비율
1945	10,253,138	2,272,236	7,980,902	78%
1948	13,087,405	7,676,325	5,411,080	41%
1953	12,269,739	9,124,480	3,145,259	26%
1954	12,269,739	10,560,719	1,709,020	14%
1955	12,269,739	10,745,698	1,524,041	12%
1956	13,911,978	12,492,773	1,419,205	10%
1957	13,713,883	12,568,590	1,145,293	8.3%
1958	13,713,883	13,125,890	562,982	4.1%

이다." 이승만의 이같은 발언에 잠시 둘 사이에는 침묵이 흘렀다. 그러자 대통령 고문특사 델레스(John Foster Dulles)는 6월 18일 38선을 방문한 후 다음날 6월 19일 국회연설에서 "여러분은 혼자가 아니다. 자유라는 인간의 위대한 가치를 수호하는 이념에 우리는 반드시 반응할 것이다."라고 했다고 한다. 이후에 6,25전쟁이 터지고 바로 미국의 국무부에 긴급군사 협조를 보내 동맹국으로 활동 할 수 있었던 요인은 이승만의 인맥이 큰 힘을 발휘하게 된다. 그 해 8월, 소련은 보란 듯이 원자폭탄 실험을 성공하여 미국과 대등한 군사력을 갖게 되었다. 소련의 마르크스 사회혁명 등장으로 극동의 정세는 격동의 시간을 알리고 있었다. 중국은 그들만의 노동자를 중심으로 한 공산주의가, 중국대륙을 국민정부가 저항하는 지역 소탕을 끝으로, 공산혁명으로 공산주의국가로 완벽하게 전환했다.

▲ 이승만과 친구인 델레스 미국 국무장관

"우리나라를 보시오. 우리나라가 얼마나 황폐되었는가를 보시오. 수백만의 무덤을 세어보시오, 우리가 무엇이 무서워서 제3차 대전에서 꽁무니를 뺄 것인가. 그래, 내가 홀로 고립되었다 하자, 좋다. 나는 홀로 싸우겠다. 내가 죽든지 조국이 통일되든지 둘 중 하나가 될 것이다."

<뉴스위크>편집장의 질문에 이승만의 답변 1950년 10월

05

1950~1953년
6.25남침과 3년 전쟁/
제2대 대통령 이승만

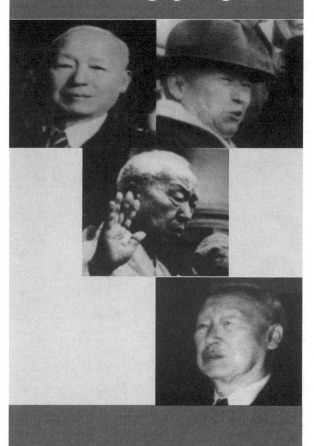

▲ 1950년 9월 28일 서울 수복. 중앙청 우리국군 태극기 게양식

북한의 남침과 제2대 대통령 이승만

1950년 6월 25일 한반도에 전쟁이 일어났다. 1949년 3월 17일 김일성과 박헌영이 소련의 스탈린을 만나 처음으로 남침 허락을 요구했으나 스탈린이 거절했다. 미군이 철수 안된 상태에서는 패전이 예상됐기 때문이다. 또 다시 1950년 4월 10일 김일성과 박헌영은 소련의 모스크바에 재방문하여 도착 성명을 발표했다. 그리고 바로 시작된 스탈린과의 회담에서 남침허락을 받아냈다. 스탈린은 대신에 무기도 지원해주고 작전계획도 다 짜주겠다고 약속했다. 그는 이 자리에서 직접 전쟁에 개입 안하겠다는 뜻도 밝혔다. 속내는 한반도는 이들이 한반도를 공산화하는 전쟁을 맡기고 소련은 유럽을 공산화하는데 전력을 쏟아야 하는 계획이 있었다. 지독한 공산주의자 박헌영은 이 자리에서 남한에 남아있는 남로당 좌익세력 20만이 북한이

▲ 6.25전쟁 당시 북한의 기습 남침

남침하면 봉기를 들고 일어 날것이라고 선전했다. 박헌영은 남한에서 북한으로 올라와서 김일성에게 수세에 밀리자 남한을 밀고 내려가 자기기반을 다지려는 음모와 계획이 있었다. 스탈린과 김일성은 적극 동의하지 않았다고 하지만 중요한 참고사항이었던 것이다. 후에 남침으로 이틀 만에 서울 중앙 청사를 장악하고 북한군이 온갖 퍼레이드를 하면서 3일 동안 머물렀던 이유 중의 하나가 남로당 좌익들의 봉기를 기다렸다는 말도 있다. 이때 한국군은 전율을 가다듬을 수 있었던 절호의 기회를 얻게 된다. 박헌영은 남한에 있는 남로당 잔당들을 향해 거짓선동선전으로 봉기로 폭동을 일으킬 것을 직접 대남방송을 하였다. 그러나 폭동은 일어나지 않았다. 그 당시에는 이승만 대통령의 철저한 반공척결법으로 숨어 지내던 이들은 세상 밖으로 쉽게 출현하지 못했다. 오늘날 대한민국에는 이 뿌리들이 주체사상을 중심으로 한 주사이론으로 살아 움직이고 있다.

북한은 소련의 스탈린에게 군사력 지원을 받아 김일성 주도하에 박헌영의 계략 (6.25전쟁의 결정적 역할)과 소련의 탁월한 군사 전력가 바실리아. F가 구상한 군사 작전 계획을 따라 기습남침했다. 마르크스 레닌주의의 철저한 공산주의에 입각한 스탈린의 속내는 한반도 전쟁에 숟가락만 올려놓고 미국과 중국을 끌어들여 미국과 중국을 서로 전쟁을 통해 약화시키려는 전략을 갖고 있었다. 그 당시에 중국공산화의 확산으로 소련공산당 종주국의 자리가 위태해지는 것에 대한 위기의식을 극복하고자 하는 계산도 있었던 것이다. 북한을 통해 한반도를 적화통일 한 후에 북한을 공산당 속국으로 만들어서 극동아시아를 공산화로 지배하려 했던 음모도 있었을 것이다. 그로 인해 미국을 견재하려는 의도도 숨겨져 있었다고 볼 수밖에 없는 프레임인 것이다. 이러면서 소련은 한편으로는 유럽을 공산화 확장하는데 집중하고 있었다. 그 당시 김일성은 군대를 지휘한 경험이 없던 터라 군사 영웅이며 전쟁전략가인 바실리아.F는 스탈린의 명령에 따라 한반도 침략 전략을 구상했다. 옐친문서에 의하면 정식명칭이 선재타격계획(러시아어)을 반격계획(한국어로 번역)으로 하여 혼란을 야기시켰으며 오늘 한국역사 속에서도 혼란을 조장하고 있다.

  1950년 6월 25일 새벽 4시 북한은 300여대의 전차를 앞세우고 11만대병과 240대의 전차를 몰고 일제히 남한으로 기습

▲ 인천상륙작전을 지휘하는 맥아더 장군

하여 내려왔다. 북한의 선제공격으로. 3~4일 만에 국군의 4만 명 이상의 숫자가 전사했다. 남북한 민간인과 군인의 사망, 부상, 실종 등 모두 500만 명이나 되는 희생자들이 발생한 전쟁이었다. 미국은 178만 명이 동원됐으며 5만 명이 넘게 전사했고 10만 명이 넘게 다쳤다. UN군 참전국 22개국과 참가자의 피해도 컸다.

전쟁초기 이승만에 대한 진실과 오해

6월 25일 오전 10시 30분에 이승만 대통령에게 국방부에서 보고가 들어왔다. 38선에서 자주 있었던 국지전 충돌이 아닌 전면적인 남침공격임을 보고받았다. 이승만 대통령은 하나님께 기도를 드렸다. 해외에서 독립운동을 할 때나 국가의 위기가 있을 때마다 항상 하나님께 무릎을 꿇고 기도하는 신실한 기도의 사람이였다. 이때에 남한은 전쟁에 준비가 안 된 상태에서 무기와 병력은 북한에 비하면 형편없었다. 공격용 무기가 없었던 한국군은 잘 무장된 북한군의 적수가 되지 못하는 위기에 놓이게 되었다. 이승만 대통령은 11시 30분에 미국 무초 (John J. Muccio) 대사를 경무대로 불렀다. 이승만 대통령은 이 자리에서 남침이 벌어졌다는 말과 함께 전쟁 4대원칙을 미국 대사에게 강조하였다. 첫째는 한국전쟁이 세계전쟁으로 이어지는 일이 없어야할 것이며, 둘째는 우리는 무기가 없으니 전

국민이 총력전을 벌여야겠다는 것과, 셋째는 북한이 국제가 인정한 38선을 무시하고 남침을 했기에 38선이 없어졌으니 이번 기회에 북한을 수복하여 북진통일로 대한민국을 만들겠다는 것과, 넷째는 위기를 타개하기 위해 북진 타격에 미국과 UN이 협력해 줄 것을 요청했다.

6월 26일 서울의 상공에는 소련제 전투기 야크기가 날아다니며 공격을 퍼부었다. 이승만 대통령은 언젠가 세계 제2차 대전을 승리로 이끈 맥아더 장군이, 자신을 향해 세계 기자들 앞에서 했던 말을 기억했다. "각하, 만약 공산군이 쳐들어오면 저 맥아더는 한국의 수도 서울이 아니라 미국의 워싱턴에서 전쟁이 난 것으로 간주하고 최선을 다해 싸워 각하의 조국과 정부, 국민을 지켜드리겠습니다." 이승만은 일본에 있는 맥아더 장군과 미국정부에 긴급원조를 요청했다. 투루먼 대통령은 공식적으로 미공군, 해군을 파병했다. 무초 대사는 애치슨 장관에게 전시상황이 너무 긴급하다는 긴급전문을 보냈다. 6월 30일 미국 지상군 파병되었다. 해외 역사상 가장 빠른 미국과 UN의 협력을 이끌어낸 것이다. 27일 새벽 1시경 군정청 경무부장 조병욱과 서울시경 국장 김태선은 건국 2년도 채 안된 신생국가 대한민국을 위해 이승만 대통령에게 피난할 것을 요청했다. 그 이유는 경무대가 북한인민군의 포격 사정권 안에 들어간 상태였다. 국가의 원수가 잘못될 경우 북한에 적화통일 될 기회를 주는 것과 다름없기에 전시에서 국가원수까지 포로가 되는 상황을 막으려 했던 것이다. 이승만 대통령은 6월 27일 새벽 4시에 서울역에서 남쪽으로 향하는 특별열차에 탑승했다. 그러나 대구까지 내려갔을 때 다시 대전역으로 올라왔다. 이승만은 조금이라도 서울 가까운 곳으로 가야한다고 우겼지만 윤치영이 "전투는 군인이 하는 것입니다. 대통령은 다소 안전한 후방에서 지휘해야 합니다."라며 대통령의 고집을 꺾었다. 주한 미 대사관의 드럼라이트 참사관은 "이제 각하의 전쟁이 아니라 우리의 전쟁입니다(This is not yours war but ours)."라고 선포하며 미국이 참전하기로 했다는 소식을 전했다.

UN은 즉각 결의했다. UN 권위에 도전한 국가가 아닌 북한 집단에 빨리 파병 결정을 내린 것이다. 6월 27일 밤 이 기쁜 소식을 불안해하는 국민들에게 알리기 위해 서울 중앙방송국에 전화를 걸어 녹음을 했다. 방송은 밤 9시부터 나갈 수 있는데 6월 28일 새벽 2시 30분 쯤 방송국이 북한에게 점령당하고 말았다. 이승만 대통령의 의도와는 전혀 다른 일이 벌어진 것이다. 같은 시각 한강대교는 폭파됐다. 한강교 폭파로 인해 한강 이북에서 싸우고 있던 국군 6개 사단이 무너져 인민군 포로가 되었다. 또한 서울시민이 피난을 가지 못하여 인민군 치하에서 고통을 겪어야 했다. 서울시민들이 피난하기에 다급했다. 한강교 폭파는 결과적으로 북한군의 매우 급속하고 맹렬하게 내려오는 상황에서 길을 차단하려는 군 지도부의 성급하고도 잘못된 판단으로 벌어진 비극이었다. 전쟁 중에 이러한 사고는 대통령에게 군 최고 통수권자로서 안타까움과 아픔이었다. 명령을 내렸던 채병덕 육군참모총장은 전투 중에 북한군이 쏜 총에 전사하였으며 최창식 대령은 한강교 조기폭파로 인한 실질적 책임을 물어 처형당했다. 국군은 전시에 불리했다.

군사 한계선이 낙동강까지 밀리게 되었다. 미국은 임시정부를 제주도로 옮길 것을 권유했지만 이승만은 부산을 임시수도로 정하고 전열을 가다듬었다. 1950년 9월 맥아더 장군의 지휘 아래 부산쪽에서 적군과 충돌하면 피해가 클 것을 예상하여 인천상륙작전을 계획했다. UN군이 상륙할 장소를 숨기기 위해 다른 지역으로 상륙할 것이라는 거짓 정보를 흘리고 인천에는 첩보부대를 보내어 적의 병력에 대해 정보를 입수하였다. 그리고 낙동강 위의 장사리 지역으로 병사들을 보내 인민군의 시선을 집중시켰다. 장사리 지역에 파병된 군사들은 772명의 어린

▲ 북한 공산군의 만행으로 학살 당한 가족을 안고 우는 여인

학도병들이었다. 그들은 악조건 속에서도 나라를 위해 열심히 싸운 결과 UN군이 인천상륙작전을 출발하는 데 큰 힘이 되어 진격할 수 있는 시간과 작전수행에 도움을 줄 수 있었다. 어두운 밤에 선발대가 인천 앞바다 등대를 점령해 불빛을 밝히고 북한군의 보급료를 차단함으로써 서울을 탈환하는데 성공했다.

9월 30일 이승만 대통령은 육군참모총장과 참모진들을 불러 놓고 38선을 돌파하여 북진할 것을 명령했다. 전쟁이 나자마자 북진통일 할 기회를 기다렸던 것이다. 10월 1일 사기가 충천한 한국군 3사단이 주문진에서 38선을 넘어 양양으로 진격에 성공했다. 10월 7일 UN군도 38선을 넘었다. 10월 10일 원산을 점령하고 10월 19일 평양이 수복됐다. 10월 29일에 미국 상원위원 놀랜드(William Knowland)와 함께 평양을 방문했다. 다음 날 이승만 대통령은 평양시민 10만 군중 앞에서 연설했다. "평양 시민 여러분 얼마나 고생이 많습니까? 이렇게 늦게 와서 미

▲ 인천상륙작전(1950년 9월)

안합니다. 우리는 통일을 해야 합니다. 뭉치면 살고 흩어지면 죽는 것입니다." 뒤이어 평양시민들 환호하고 태극기를 흔들었다. 이승만은 그들을 일일이 위로하고 격려했다. 이것은 당시 평양 탈환 일등공신 백선엽 장군의 증언이다.

한국군과 UN군은 북쪽으로 계속 진격했다. 국군 6사단 7연대가 압록강에 이르렀고 동부전선에서는 함경도까지 이르렀다. 통일이라는 고지가 눈앞에 다다를 때 쯤 북한이 중국에게 군사지원을 요청했다. 중국도 본토 영역의 침입 위기를 느낀 나머지 중공군을 급파했다. 이어 새까맣게 인해전술로 밀고 내려오는 중공군에 밀려 한국군과 UN군은 후퇴할 수밖에 없었다. 평양을 내주고 다시 38선까지 내려와 다시 서울을 내주고 전쟁은 잠시 멈췄다. 1951년 3월 15일에 끝내 서울을 재탈환하고 3월말에는 38선까지 진격했다. 중공군이 개입하면서 전쟁은 길어지고 있었다. 1951년 7월 10일 개성에서 제1

▲ 이승만 대통령 평양입성 환영대회

차 휴전 회담이 열렸다. UN의 소련대표 말리크가 자국의 전쟁으로 어려워지게되자 정전협상을 제의하고 중국과 북한과 미국이 이를 수락했다. 그러나 이승만은 강력하게 반대했다. 통일 없는 휴전은 있을 수 없다며 전 국민을 동원해 휴전반대 운동을 벌였다. 이번 기회에 북진통일을 이루지 않으면 한반도에는 지속적인 휴전상태에서 남북이 대립할 것을 예상했기 때문이었다. 한국전쟁 내내 이승만이 주장한 것은 북진통일이었다. 미국은 세계 제2차 대전을 승리로 이끈 아이젠하워(Dwight D. Eisenhower 1890~1969)가 선거에 출마하면서 내건 첫 번째 공약이 6.25전쟁을 끝내는 것이었다. 이에 미국 국민들은 아이젠하워에게 표를 몰아주었다. 미국국민들은 한국전쟁 참여반대와 3년이라는 한국의 긴 전쟁에 지쳐 있었다. 이름도 모르는 동방의 작은 나라에 더 이상 국력을 소비하는 걸 원치 않았다. 그들의 눈에는 이승만이 전쟁에 미친 미치광이로 보였다. 미국

▲ 압록강을 건너는 중공군

은 더 이상 변화를 원하지 않았다. 이승만 대통령은 분개했다. "미국과의 협력을 계속 하다간 우리나라도 또 하나의 자유중국이 되어 버린다든가, 그렇지 않으면 또 다시 40년 전 한국의 모습으로 전락할 것이다. 우리가 어제의 적들에게 팔릴 바에야 차라리 한국이 통일 될 때까지 전쟁을 계속 할 것이다." 그러나 미국은 자신들의 이해관계에 따라 빨리 전쟁을 마치고 싶어 했다. 이러한 가운데 판문점에서 휴전협정이 1년여 동안 난황을 겪는 동안, 결렬 위기에 놓여 있었다. 그것은 남한에 3만 7천 명의 반공포로가 있었다. 그중에 2만 7천명은 북으로 송환을 거부하는 반공포로였다. 북한 측은 전원 송환을 요구했고 UN은 포로의 자유의사에 맡기겠다는 입장이었다. 포로교환의 국제원칙은 어디서 싸우고 잡혔더라도 휴전 후에는 각자 고향으로 돌아가는 것이었다. 그런데 북한군 포로들은 북으로 돌아가지 않겠다고 여기 저기서 충돌과 소요를 일으켰다. 미군이 조선 사람을 보면 생체실험을 하고 조선인을 학대한다는 교육을 받았는데 비록 포로 신세이지만 민주주의 제도가 좋다는 것을 경험한 이들은 더 이상 북한으로 가길 원치 않았다. 자유대한에 귀순하겠다는 의사를 밝힌 반공포로가 거의 다였다. 반공포로 석방문제를 놓고 아이젠 하워 대통령은 무조건 전부 북한으로 돌려보내야 한다고 했다. 그러나 이승만의 생각은 달랐다. 본인들이 자유민주주의 체제에서 살고 싶다는데 인권을 무시하고 강제로 북한에 돌려보내면 반동분자로 낙인이 찍혀 다

숙청 될 것이 뻔했다. 이승만의 가슴속에는 무엇보다 포로들이 전쟁으로 인한 한민족, 우리 동족 청년들이었다.

이승만은 아이젠하워 대통령에게 "3만 명을 억지로 북송해서 모두 학살당하게 하는 것이 민주주의 인권국가가 할 일이냐?"며 항의했다. 아이젠하워 대통령은 언짢게 생각했다. 이승만은 "그렇게 대한민국을 무시하다기 큰 코다칠 거다."라고 하며 최후 경고를 전달했다. 이승만은 이때를 그의 회고록에 이렇게 기록하고 있다. "인도주의적 견지에서 포로를 석방했다. 포로는 누구든지 자유의사에 따라 자신의 길을 선택할 권리가 있다." 인류 역사상 처음 있는 전쟁포로석방을 통한 인권 운동이었다.

세계를 놀라게 한 〈반공포로〉석방

1953년 6월 10일 이승만은 백선엽 참모총장과 손원일 국방부장관, 원용덕 헌병총사령관, 이한림, 김용배 등 22명의 군 지휘관들을 소집했다. 이들에게 휴전과 포로문제를 걱정하며 반공포로석방을 암시했고 백선엽 장군을 따로 불러 "원용덕에게 숙제를 주었네, 잘 좀 도와주게."라고 부탁했다. 반공포로들은 미군이 관리하고 있었다. 이승만은 "미군을 기습하여 북으로 보내지면 학살당할 우리 동족 3만 명을 구출해 내라, 단 미군에게 총을 쏘지 마라." 그는 진정한 인류애와 인권이 무엇인지 전 세계에 행동으로 보여 준 것이다. 명령받은 국군은 마침내 27,389명을 탈출시켰다. 이 사건으로 세계가 놀랐다. 뉴욕타임지는 이승만을 표지 인물로 선정했다. 미국정부는 크게 분노했다. 아이젠하워 대통령은 강력한 어조로 비난했다 이승만 대통령도 물러서지 않았다 "포로는 누구든 자기의 의사에 따라 자신의 길을 선택할 권리가 있다."고 재차 강조했다. "역사만이 나를 심판 할 수 있을 겁니다. 비록 우리의 행동이 자살행위가 될지라도... 그것은 우리의 특권입니다. 한국과 미국이 다른 길을 가야한다면 여기서 친구로 헤어집시다." 이승만은 탈출하지 못한 반공포로8천명을 비무장지대에서 중립국 송환위원단에 인계할 것에 동의했고, 인도군 1개 여단의 비무장지대 입국을 허용했다.

세계 최대강국 미국이 우방국이었던 한국에 기습을 당한 것

▲ 이승만 대통령의 초상화를 들고 행진하는 마지막 석방 반공포로들

이다. 이때를 아이젠하워 대통령은 6월 18일, "미국은 이승만이라는 또 다른 적을 만났다."라고 했는데 6월 19일에는 "우리는 한국으로부터 절대 퇴장하지 않을 것이며 공산주의자들이 한국을 차지하도록 결코 방치해서도 안 된다. 이승만의 불굴의 의지를 미국은 끝까지 지원한다."는 성명을 발표했다. 이승만의 결심은 확고했고 '반공포로석방'이라는 승부수를 통해 미국과 새로운 정책을 다지게 되었다. 이 일을 계기로 오히려 미국인들은 아이젠하워 대통령을 비판했다. 이승만은 미국에서 영웅이 되었다. 다윗과 골리앗 같은 싸움에서 이긴 것이다. 반면 아이젠하워는 그의 전기에 이렇게 기록하고 있다. "이승만의 반공포로 석방 때문에 정치 인생 최대의 위기를 맞았다."라고 쓰여 있다.

또한 이렇게 치열한 6,25전쟁을 남침하여 적화통일하려는 북한에게서 남한을 사수할 수 있었던 것은 이승만 대통령의 개인적인 인맥이 한몫을 감당한 것은 그의 인격이나 외교능력의 탁월함을 보여주는 증거가 되었다. 결정적 역할을 한 것은 파운드리 감리교회 해리스 담임목사였다. 그는 그 당시 미국상원에 담당 원목이었다. 다시 말해 미국정치계에 상원 하원 좌우에 영향력 있는 사람이었다. 또한 정치적으로 트루먼 대통령과 가까운 관계였다. 또 한사람은 1942년에 이승만 정치학 박사로서 외교독립단체에서 활동한 한미협회 이사 해리스 목사였다. 해리 목사는 긴급한 이승만의 요청을 받고 트루먼 대통령을 설득해서 재빨리 한국 참전을 강권했다. 그리고 빌리그레이엄 목사이다. 4월 23일날 보스턴에서 열린 집회에서 "트루먼 대통령에게 말한다, 평화무드에서 깨어나 군사력을 강화하라, 강대국의 침략으로 어려운 약소국들을 도와 저들을 자유케 하라, 이것은 하나님의 말씀이다."라고 이렇게 외쳤다. 어디서나 이런 내용으로 설교하면서 다닌다는 소문이 트루먼 대통령 귀에까지 들려 더 빨리 한국전쟁에 참여하는 계기가 되었다. 특히 빌리그레이엄 부인은 북한 원산에서 태어났다. 부모가 선교사로 한국에 있을 때 한국에서 나고 자라 한국의 사정을 누구보다 더 잘 알고 있었고 한국의 복음화의 필요성을 늘 옆에서 들었던 것이다. 이승만은 미국 정치계의 주류사회를 잡고 있는 인맥을 한국전에 끌여 들였다. 미국특사 델레스 특사도 역시 마찬가지였다. 우리나라 군인들은 초반부터 최악의 상황에서도 영웅적으로 치열하게 싸웠다 그 증거가 1950년 6월 25일부터 9월 28일까지 '이승만 박사와 미국대사관'이라는 책에서 헤럴드 노블은 자세히 기록하였다. 주한미군대사관 1등서기관이었으며 미국정보관 CIA한국책임자였다. 배재학당 시절 이승만의 스승이었던 윌리엄 노블 선교사의 아들이었다. 이승만 대통령의 전쟁일대기를 상세하게 문서화했다. "한국군 보병들과 포병들은 서울북방에서 영웅적으로 싸웠으며, 적의 공격을 지연시키기 위해 기꺼이 목숨을 바쳤다. 북한 전차지휘관들은 한국 보병부대를 앞질러 휩쓸고 나갈 용기가 없었다. 그들의 진격은

▲ 국군이 압록4강에 도달하여 태극기를 흔드는 모습

보병의 이동과 보조를 맞춰 나갔다. 비좁은 의정부, 해랑 전투
는 근대 전쟁에서 가장 치열한 전투였다. 어떻게 유재영 장군
의 부하들이 한국군보다 우수한 인민군 비행기와 탱크와 대포
를 대항하며 저지할 수 있는가는 용기와 헌신적인 애국심이 가
득찬 한편의 드라마였다. 인민군을 능가하는 대포와 제공권을
장악한 미국마저 오산, 준미령에서 인민군에게 밀리고 나서야
비로소 의정부, 춘천, 임진강에서 싸운 전투에서 한국군의 태
도는 분명해졌다. 그때까지도 외부에서는 한국군을 염두에 둔
관심도 없었으며 한국군에 그릇된 관념들로 먹칠 당해 있다."

미국의 반대에도 개헌 강행

1952년 전쟁 중에서 대한민국 제2대 대통령 선거가 다가왔다. 미국은 이승만의 반공포로를 비롯하여 약소국임에도 사사건건 명석한 외교력으로, 자국의 실리를 능숙하게 취하는 이승만을 한편으로는 늘 껄끄럽게 생각하고 있었다. 온건하고 순종적인 장면(1899~1966)이 대통령이 되기를 내심 바라고 있었다. 미국의 34대 아이젠하워 대통령은 한반도에서 전쟁을 빨리 마무리하기를 바랐다. 미국 내 소모적인 전쟁을 원치 않는 여론을 의식함과 동시에 자신의 정치 지지율을 유지해야만 했다. 이에 '통일전쟁 미치광이' 이승만을 제거하고 미국이 시키는 대로 잘 따르는 사람을 위해 야당을 응원했다. 이때 상황은 제2대 대통령 선거 3일 전 미국이 이승만을 제거하기 위해 계획된 에베 레디 작전(Operation Ever lady)은 이후 22년이 지난

▲ 국회의 간접선거 대신 국민의 직접선거로 선출된 제2대 대통령 취임식(1952년)

1975년 8월 3일 '뉴욕타임지'지에 실린 기사에 의해 세상에 알려지기 시작했다. 이승만의 정치고문 로버트 올리버(Robert T. Oliver)는 이 계획은 워싱턴 당국이 그 필요성에 따라 즉각 실행에 옮길수 있는 하나의 예비 계획임을 알리고 에버 레디 작전이라는 암호명을 붙였다.1952년 7월에도 이와 비슷한 계획이 이미 준비되어 있었다고 서술하고 있다. "이승만은 책략이 풍부하고 빈틈이 없는 인물이다, 이승만은 본인이 미국을 궁지에 몰아넣었다는 사실을 잘 알고 있다. 이승만의 철저한 반공주의와 불굴의 정신은 지원되어야 한다."

이승만은 국회회원이 대통령을 뽑던 '국회간접선거인 간선제'를 백성들이 직접 대통령을 선출하는 '국민직접선거인 직선제'로 바꾸기로 결단을 내렸다. 국회위원들이나 정치흐름을 모르는 사람들은 개헌은 이승만 대통령이 자신의 재선을 위한 개헌이라고 독재자로 소리쳤지만 한국역사의 대의를 위한 이승만의 결단은 직선제는 진정한 자유민주주의가 어떤 것인지 실천한 것이다. 그 중간에 부산정치파동 같은 불미스런 일도 생겨났다. 이승만은 대통령 선출권을 국민에게 알리려했다. 이승만은 백성들의 강력한 지지를 얻어냈다. 대한민국 건국 초기부터 국회에 내각제 개헌 추진 등으로 많은 과정 속에서 집결된 강력한 여당의 필요성을 알아챈 이승만은 무당주의의 원칙을 버리고 1951년 11월 19일 '자유당'을 창당했다. 1952년 비록 전쟁 중이었지만 국민이 주인이 되어 대통령을 직접 내손으로 뽑는 직선제가 실시되었다. 이 일로 민주주의 기틀을 잡게 된 것이다. 유권자의 88퍼센트가 참여한 선거에서 74.6퍼센트의 지지를 얻어 3명의 후보를 제치고 제2대 대통령으로 당선되었다. 불안하던 정치계가 국회의원들의 적극 참여가운데 이승만을 지지하면서 국내정치 상황은 안정되었다.

휴전협정체결 대한민국에 유리한 한미상호방위조약

1953년 7월 27일 휴전협정이 체결되었다. 미국은 하루빨리 휴전협정을 마무리 짓고 대한민국을 떠나야 하는 상황이 되었다. 미국 내 여론이 만만치 않았다. 아이젠하워 대통령은 급하게 1953년 6월 25일 로버트슨 국무부 차관을 특사로 파견했다. 아이젠하워 대통령의 정치적 입지가 갈수록 미국 내에서

▲ 한미상호방위조약 비준서 교환하는 변영태 외무부장관

불안해져 갔다. 이승만 대통령은 로버트슨과 시종일관 미국이 한국을 약소국으로 치부하지 말 것을 경고하면서 끈질기게 협상을 벌였다. 이승만은 협상 동의 조건으로 '한미동맹' 체결을 요구했다. 앞으로도 우리 힘만으로는 소련과 중국의 도움으로 인한 북한의 남한 공산화를 감당할 수 없음을 알았기에 강대국 미국과의 동맹은 사느냐 죽느냐의 문제였다. 빠른 시간 내에 미군 2개 사단을 한반도에 주둔시키고 국군 20개 사단의 무장에 필요한 군사원조를 조건으로 내세웠다. 뿐만 아니라 장기간에 원조 2억 달러의 부흥원조 제공을 요구하였다. 휴전 협정이 시급했던 미국은 이승만의 요구를 받아 들여 미국과 이승만은 휴전 협정에 동의하였다. 당시 국내 외 정세에서 불가피한 휴전이었다. 대한민국 국익을 위하여 반공포로 석방 등을 활용하여 미국과의 유리한 협상을 끌어낸 이승만의 외교 능력을 돋보이게 하는 탁월한 예가 아닐 수 없다. 1953년 7월 27일 미국과 이승만의 휴전 협정 후 UN군 측은 판문점에서 공산 측과 휴전 협정서에 조인하게 된다. 이승만은 이 조약으로 자자손손 번영을 이룰 것이라고 선언하며 "북한 동포들이여. 실망하지 마시오. 절대 잊지 않소."라는 성명도 발표했다. 우리 겨레 한민족 북한동포들이 늘 그의 가슴 한구석에 있었다.

6.25전쟁의 경과 및 주요사건

- 1949년 북한과 소련 '조소군사비밀협정' 체결, 남한에서 미군 철수
- 1950년 1월 12일 미국 국무부 애치슨 장관 애치슨라인 발표
- 6월 25일 6.25 전쟁 발생, 소련의 스탈린 지시로 북한 김일성 주도 38선 전역에 걸친 국군방어진 기습 공격 개시. 소련 전투기 서울 상공에 침입. 미국UN 안전 보장이사회 즉시 6월 27일 서울 사수 방송.UN안전보장이사회,UN회원국에 대한민국 원조를 지원하는 결의 채택. UN 북한을 침략자와 평화파괴집단으로 규정
- 미국결의안 채택(소련 결석)해 북한군 철수요구.
- 6월 26일 미국 공군, 해군 파병
- 6월 28일 북한인민군 서울 점령. 북한 박헌영이 남한의 남로당원들에게 폭동선동 방송연설 실시함
- 6월 30일 트루먼 미국대통령 지상군 파병
- 7월 7일 UN안전보장이사회 미국과 UN군의 참전 결정
- 9월 11일 국군.UN군과 함께 북한인민군 반격
- 9월 15일 UN군 인천상륙작전 실시
- 9월 28일 한국군 서울 탈환
- 10월 19일 UN군 평양을 수복하고 압록강과 두만강까지 진격
- 10월 25일 중공군 개입과 UN군과 한국군에 총 공세
- 12월 4일 북한지역에서 UN군 철수
- 12월 6일 북한군 평양 입성
- 1951년 1월 4일 중국, 북한군 서울 장악으로 1.4후퇴, 대한민국정부 서울에서 철수
- 1월 31일 UN은 중국을 침략자로 규정
- 2월 UN총회. 중공군 철수 요구
- 3월 24일 맥아더 38선 이북 진격개시 명령
- 7월 10일 제1차 개성에서 휴전회담 개최
- 10월 회담장소를 판문점으로 옮김
- 1952년 2월 15일 제1차 한일정상회담 개최
- 10월 공산측의 비타협적인 태도를 문제로 UN군 사령부 회담 중지
- 12월 2일 아이젠하워 미국대통령 한국방문
- 1953년 3월 5일 소련 스탈린 사망
- 4월 11일 휴전 반대 북진 성명 발표
- 7월 12일 한미회담 공동성명 발표. 한미상호방위조약 체결 합의
- 7월 27일 판문점에서 UN군 사령관과 공산군(북한군과 중공군) 사령관 휴전협정 조인

"수많은 미국인들이 목숨을 바쳐 싸웠으나 현명치 못한 휴전으로 한국전선은 대화를 멈추고 일시적 침묵을 지키고 있다. 지금이 행동을 개시할 때다. 장소는 바로 한국전선인 것이다. 나의 친구여, 평화는 공산주의가 반으로 남아 있는 세계에서는 회복 될 수 없음을 기억하라."

이승만의미국방문 북진통일 연설 1954년 7월 27일

06

1954~1959년
한·미동맹 직선제/
제3대 대통령 이승만

▲ 뉴욕시가 마련한 브로드웨이 영웅행진 카퍼레이드에 나서서 1백여 만 뉴욕 시민들의 환영을 받은
이승만이 맨 앞쪽 차량에서 일어나서 손을 흔들며 시민들의 환호에 답하고있다. 1954년 8울 2일

미국 아이젠하워대통령의 국빈초청, 백년대계 한미동맹

미국의 저명한 고전주의 거시 경제학자 로버트 조지프 배로 (Bearro Robet J.)는 민주화를 위해서는 어느 수준까지 경제성장이 뒷받침 돼야 한다고 주장했다. 경제성장을 통해 교육기회가 평등해지고 민주주의도 개선된다는 것이다. 반면 민주주의가 앞서 갈 경우, 즉 어느 정도 경제 성장이 없는 상황에서 민주화를 요구하는 경우 민주주의 체제를 지탱하기 힘들다고 한다. 실제로 아프리카의 경우 민주주의를 60년대에 도입했지만 경제 성장이 이뤄지지 않았기 때문에 민주주의를 유지할 수 없었다는 것이다.

이승만은 한미방호상호조약 체결을 통해 국방과 안보에 부담을 덜고 경제 발전에 집중할 수 있는 기반을 마련하였다. 또한 농지개혁을 통해 계층 간의 갈등을 민주적으로 해결하였다. 교

▲ 미 의회 의사당에서 상하 양원 의장과 의원들이 참석한 가운데 영문연설하는 이승만

육혁명을 통하여 문맹률을 현저히 낮추고 고급인력 양성을 위해 국고를 아끼지 않았다. 이러한 모든 개혁과 정책들은 자유민주주의를 기반으로 한 것이다. 자유시장 경제 원리와 경제성장에 필요한 환경을 조성하는 방편이 된 것이다. 전쟁 후 대한민국의 상황은 비참했다. 세계160개국 중 158위의 최빈국으로 열악한 환경이었다. 한강의 기적이라고 불리는 한국전후의 복구 상황은 미국으로부터 받은 31억 달러의 원조가 재건의 큰 힘이 되었다. 대미외교에 거장 이승만 대통령의 정치외교 능력으로 가능했던 것이다.

1954년 7월 25일, 아이젠하워 대통령은 이승만 대통령을 국빈으로 미국에 초청했다. 닉슨 부통령과 미국 3부요인이 워싱턴 내셔날 공항으로 직접 마중을 나왔다. 이승만 대통령은 이들에게 환영을 감사로 대신했다. 곧 바로 이어진 환영식에서 답사가 있었다. 그는 첫마디부터 강경했다. 미국 국무부 안에 도사리고 있는 스파이들, 소련에 대한 유화론자 들을 맹렬히 비난했다. "6.25전쟁은 이길 수 있는 전쟁이었지만 워싱턴의 겁쟁이들 때문에 한국은 통일되지 못하고 공산당 세력의 위상만 높여 주었다."고 일침을 가했다. 15분간의 즉석 연설을 통해 그는 미국의 정책에 대해 현실을 직시하지 못하는 잘못에 강한 질책을 했다. "대한민국은 기꺼이 통일정책을 세워 이루고야 말 것이다."라는 말로 환영식 끝을 마무리했다.

7월 28일 오전에 이승만은 미국 상원 하원 의원들 합동회의

▲ '트리가 마크 2호' 연구용 원자로 기공식에서 첫 삽을 뜨고 있는 이승만 대통령

▲ 전력난 극복을 위해 세워진 조선전업주식회사 마산 화력발전소

▲ 우리나라 최대의 질소비료공장이었던 충주비료공장 완공

에 참석했다. 마틴 의장은 "미국 국민들이 경탄해 마지않는 불굴의 자유 전사를 소개 한다."는 말로 이승만 대통령을 치켜 세우며 소개했다. 이 날 세계 각국의 기자들과 법조계, 외교계 인사들로 가득 메워 앉을 자리가 없을 정도였다. 그는 유창한 영어로 연설을 시작했다. 이승만 대통령은 먼저 "나는 미국의 모든 어머니들에게 감사를 드립니다. 우리가 암담한 처지에 놓여 있을 때 사랑하는 자녀를, 남편을, 그리고 형제를 기꺼이 보내주신 것을 마음속 깊이 감사하고 있습니다." 그의 진심어린 감사의 말에 장내는 숙연해졌다. 그리고 이어 내셔날 공항에 도착하자마자 했던 강경발언을 이어 나가기 시작했다. "자유세계는 공산세계를 타도하려는 용기를 가져야 한다. 그 자유의 싸움에서 한국이 선봉을 맡겠다, 공산주의자들의 혁명운동 때문에 온 세계가 거칠어졌으며 자유세계도 강해지지 않으면 그들의 노예가 될 것이다. 공산주의와 민주주의가 세력을 반반 나눠 가지고 있는 좌우 합작의 어정쩡한 상태에서는 결코 세계평화가 오지 않을 것이다. 공산세계는 언젠가 자유세계를 크게 위협하게 될 것이므로 무력으로 타도해야 할 것이다."라고 강하게 주장하며 선포했다. 맞는 말이었다. 소련을 중심축으로 한 공산화의 숨은 그림자는 자유진영을 지속적으로 집요하게 파고들고 있었다. 그는 연설 도중에 많은 환호와 함께 뜨거운 박수를 받았다. 약 40분 간의 연설을 끝내고 모든 사람들의 기립박수를 받으며 이승만 대통령은 의연하게 퇴장했다. 그러나 이승만 대통령의 연설은 중도 성향의 미국인들에게는 강경하게만 들렸다. 그들에게는 공산주의가 그렇게 위협적이지 않을 거라는 안일함이 있었다. 좌파 언론들은 이승만 대통령의 강경 발언이 미칠 영향을 내심 경계하며 그의 연설에 불만을 품기도 하였다.

아이젠하워 대통령과 단독 회담이 시작되었다. 이승만 대통령과 오고 가는 설전 속에 미국은 한국에 1955년 한 해 동안 8억 달러를 지원하기로 했다. 경제원조 2억 8천만 달러와 군사원조 4억 2천만 달러를 협상으로 만들어 낸 것이다. 나중에 1억 달러가 추가되었다. 방위와 주한미군 최전방 배치 합의 등 한미동맹의 미국은 협상을 행동으로 보여줬다. 이렇게 함으로써 비로소 한미동맹의 이론이 실제화되어 실행되는 역사적인 순간이었다.

▲ 6·25한국전쟁 당시 폭파되었으나, 이 후 수리를 끝낸 화천 수력발전소댐

자유수호 작은 거인 뉴욕 '영웅행진' 거행

8월 2일 외국 국가원수로서는 처음으로 '영웅행진' 뉴욕 카 퍼레이드를 행사하는 경사가 이승만 대통령을 중심으로 벌어 졌다. 그동안 자유를 위해 싸워 온 것에 대한 하늘의 위로와 미 국인들의 격려의 선물이었다. 숙소인 왈도프 아스토리아 호텔 을 출발해서 브로드웨이를 거쳐 뉴욕시청에 이르는 길에 백만 뉴욕시민이 나와 동방의 작은 나라, 자유의 전사를 열렬히 환 영해 주었다. 고층 빌딩에는 온갖 형형색색의 색종이들이 뿌려 지고 환영인파 속에서는 이승만 대통령을 선두에 두고 3군 군악 대가 행진곡을 쉬지 않고 연주했다. 거리에 수많은 인파들은 환호성을 지르면서 한 나라의 자유와 독립을 지켜낸 그의 승리 를 축제분위기로 고무시켰다. 뉴욕시청에 도착하자 기다리고

▲ 이승만 대통영을 열렬히 환영하는 미국 시민들의 (영웅행진) 키 퍼레이드

있던 밴 폴리트 장군의 환영사를 들었다. "소련을 중심에 둔 세계 공산주의와의 싸움에서 자유와 독립을 위해 용감하게 맞선 이승만 대통령과 대한민국 국민들에게 감사한다." 는 미국 국민의 축하 인사였다.

은혜를 잊지 않은 방문

이승만은 그의 모교인 조지 워싱턴 대학에서 명예법학박사학위를 받았다. 그리고 이어서 콜롬비아 대학에서 명예법학박사학위를 받았다. 8월 4일 아침 수행원들과 함께 뉴욕을 떠나 트루먼 전 미국대통령이 살고 있는 미주리주의 인디펜던스를 방문하여 6.25참전에 동참해 준 것에 대해 깊은 감사 인사를 하

▲ 이승만 대통령은 컬럼비아대학에서 명예 법학 박사 학위를 수여받았다. 1954년 8월 2일

였다. 투르먼 대통령은 그를 반갑게 맞이하고 이승만의 대한민국의 자유독립에 대한 그의 의지와 결단을 높이 평가하였다. 이승만 대통령과 트르먼 대통령의 우정은 한때 치열했던 동아시아의 정세를 진정한 평화무드로 이끄는 데 알게 모르게 가교역할을 했다.

로스엔젤레스를 거쳐 샌프란시스코를 지나 가장 치열하게 독립운동을 했던 하와이 호눌룰루를 거쳐 1954년 8월 13일에 한국에 귀국했다.

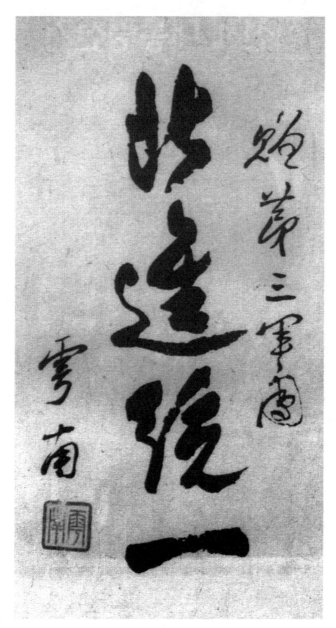

▲북진통일

"정부의 민주주의 원칙을 믿는 사람은 근본적으로는 개인주의 자들이다. 정부의 권력은 그 시민권으로부터 나오는 것이다. 국민의 개인의 권리와 자유는 국가 기초 설립의 근본 바탕이 된다. 민주주의는 국민들이 정부에게 절대 복종 해야 한다고 주장하는 전체주의적 이데올로기와는 근본적으로 다르다. 민주주의는 정부의 어떠한 권리 침해의 가능성에도 국민의 권리는 보호되지 않으면 안된다고 주장했다."

저서 일본 내막기(Japan inside out) 중에서

07

1960~1964년
3.15부정선거/
제4대 대통령 사퇴

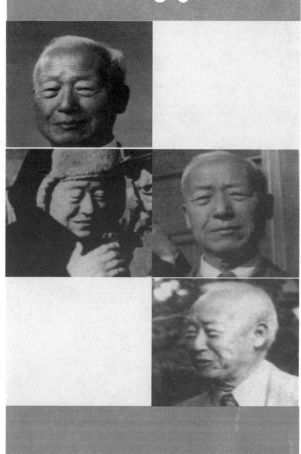

▲ 어린이날 어린이기자들과. 행사 참석소감을 묻는 어린이 기자들에게 이 대통령은 모자를 벗고 경의를 표한 뒤, "대단히 깊은 감명을 받았습니다"라고 대답했다. 1957년 5월 5일

자원 없는 전쟁폐허에서 시작한 원자력 발전

미국은 6.25전쟁 당시 불리한 전세가 될 경우 마지막 카드로 핵 공격을 항상 염두에 두고 있었다. 영국은 미국의 핵 공격이 세계 제3차 대전을 일으킬 가능성 때문에 미국을 만류하였다. 1951년 초 겨울 투루먼 대통령은 핵 공격 의사표시를 전달하였다. 그러자 이승만 대통령은 크게 분노하였다. 이유는 6.25 전쟁은 처음부터 북진 통일에 대한 의지로 시작되었기 때문이었다. 6.25전쟁 당시 육해공군 총사령관을 맡았던 정일권의 회고록에 잘 기록되어 있다 "원폭이 가공스럽다는 것을 나도 잘 알고 있다. 또한 그 죄악스런 점도 알고 있다. 그러나 침략을 일삼는 사악한 무리에 대해 사용할 때에는 오히려 인류의 평화를 지킨다는 점에서 이로울 수 있다. 그래도 사용해선 안 된다면, 우선 나의 머리위에 떨구어 주기 바란다....... 우리 한 국민이 사랑해 마지않는 이 아름답고 평화로운 산하의 어느 한구석이라도 공산당 한 놈이라도 남겨둬서는 안 된다." 결국 투루먼 대통령은 원자폭탄투하를 포기하게 된다.

북한은 핵무기를 목적으로 핵을 개발하였다. 그러나 이승만은 에너지 해결을 목적으로 핵 개발을 시작하였다. 한국은 6.25전쟁 후 전력 부족이 경제 발전에 큰 걸림돌이 되었다. 일제 식민지 정책에 따라 남쪽에는 농업과 섬유를 중심으로 한 경공업이 발달하였고, 북쪽에는 수력발전소와 지하자원을 개발하고 활용하여 중공업이 발달하였다. 중공업 분포도를 보면 남한이 21%, 북한이 72%였다. 북한에서 일방적으로 전기를 끊어 버리는 수가 다반사였다. 심지어 남쪽에서 불쾌감이라도 드러내면 북한에서 와서 가져가라고 으름장을 놓기도 했다. 북한은 남한을 곤경에 빠트리기 위해 전력을 갑자기 차단하여 순식간에 캄캄하게 되는 고초를 겪게 하였다. 이에 이승만 대통령은 중단기적으로 새로운 구상을 해야만 했다. 1955년 스위스 제네바에서 열린 제1회 '원자력평화이용국제회의'에 한국은 3명을 파견하였다. 1956년 2월 3일 미국과 '한미원자력협정'을 체결하여 원자력 기술 원조를 받을 수 있는 기반을 마련하였다. 에너지 전문가인 시슬러를 만나면서 무한한 에너지인 원자력의 무한 잠재력에 주목한 이승만 대통령은 집중 투자를 결정하게 된다. 이승만 대통령이 시슬러에게 물었다. "원자력을 사용하려면 얼마나 시간이 걸리나?" 그때 그가 대답하기를 "아마 20년이 걸릴 것입니다." 고리1호가 가동되고 32년 후인 2009년, 우리나라는 처음으로 아랍에미리트 연방에 원전을 수출했다. 먼 미래 후세들을 위한 결단이었다. 1956년 3월에는 문교부 내에 원자력과가 신설되고 우수한 과학 인재들을 전문 인력으로 키우기 위해 국비유학생을 대거 해외로 유학을 보냈다. 미국 아르곤 국립연구소 국제원자력 학교에 유학한 최초의 학생이 처음에는 숫자가 적었지만 나중에는 300명까지 늘어났다. 한국은 1957년 미국이 국제원자력기구(IAEA)를 출범

시킨 해에 IAEA에 가입했다. 1958년에는 '원자력법'을 제정했다. 1959년 1월에는 원자력 정책을 감행할 기구인 '원자력 원'을 만들었다. 원자로 건설에는 73만 2천 달러라는 엄청난 비용이 필요했다. 미국으로부터 35만 달러를 무상 차관 받았다. 전쟁 후 처음으로 최첨단 미래 에너지 기술도입의 시작을 알린 것이다.

1959년 7월 14일, 국내 최초 연구용 원자로인 트리가 마크 (TRIGA MARK) 2호가 완성되었다. 건설을 시작하는데 이승만 대통령도 기공식에 참석하여 첫 삽을 떴다. 1960년 2월 22일 국무회의에서 이승만 대통령의 발언에서 원자력 개발에 대한 미래의 비젼을 제시했다.

"지금 일본인들은 외국의 원조를 거절하고 자립하여 나가고 있으며 잠수함 자가 기지를 생산하고 있다. 현재 미국은 공산주의를 막아 내기 위하여 원조를 시작했지만 이것을 언제까지나 지속하지는 않을 것이다. 우리가 자립하지 않으면 노예가 될 도리 밖에 되지 않을 것이다. 원자력을 개발하고 군비에 관한 위원회라도 만들어서 이순신 장군의 대를 이을 만한 기술자를 기르고 그를 위하여 필요하면 돈을 사용도록 할 것이며, 현재 잘 안 되고 있는 조선공사 시설을 잘 조작하여 무엇을 만들 수 있도록 하여야 할 것이다." 당장의 이익이 아니라 자손 대대로 후손을 생각하는 그의 선견지명에 대해 한국 원자력 연구소장 정연호 박사는 이렇게 평가 했다. "우리나라가 세계적인 원자력 강국이 된 것은 이승만 대통령이 먼 앞날을 내다보고 미리 투자해서 초석을 쌓았기 때문에 가능했다. 초대 대통령의 여러 업적이 많지만 내가 생각하기에는 원자력을 시작한 것, 이것이 가장 큰 업적이라고 생각한다."

당장의 필요한 전력난을 해소하고 산업 발전을 위한 새로운 방법도 다각적으로 진척해 나갔다. 우선 목재를 대신하여 석탄을 자급자족하기 위한 방편으로 강원도 태백 탄광 개발을 시작하였다. 또한 석탄 수송을 전문화하여 정책적으로 추진했다. 경제 발전을 위한 정책을 위하여 경제인, 사업가, 기술자, 유학생 등을 초청하여 조언을 얻고 구체적인 계획을 실현 해 나갔다. 현실 가능한 정책과 미래를 내다보는 정책은 오늘 한국의 번영을 이루게 하였다.

벌거벗은 강산을 금수강산으로, 식목일재정

이승만 대통령은 일본의 식민지와 전쟁으로 살기 힘들었던 백성들에게 산림 정책으로 풍요로운 강산을 만들기로 선포했다. 전쟁으로 폭격과 땔감으로 황폐해진 조국의 민둥산을 바라보며 나무를 많이 심고 가꾸기를 권장하였다. 그리하여 4월 5일을 식목일로 지정하고 1949년 첫 식목일에 "애국 애족 정신으로 나무를 보호하자."

사람마다 적어도 여섯 그루씩 심고 하나도 베기를 말며 남녀노소를 막론하고 나무를 살리는 것을 직책으로 알아야 할 것을 호소하였다. 이 또한 계몽운동의 일환이었던 것이다. 심지어 전쟁 중에도 나무를 심는 일에 게을리 하지 않도록 다방면에서 대책을 강구하였다. 그러나 나무를 아무리 심어도 땔감으로 다 베어버리면 아무 소용이 없음으로 목재에서 무연탄으로 정책을 추진했다. 목재가 전체 에너지 소비에서 90%을 웃돌았다. 그러나 지속적인 정책으로 1900년대에는 1% 이하로 떨어지는 통계를 보게 되면서 연료전환정책이 얼마나 큰 비중을 차지하는지 알수 있었다. 북한은 김일성의 집권 초기부터 농지 확충이라는 이유로 산을 개간하기 시작하였다. 70년이 지난 지금 가뭄과 홍수로 식량을 구걸하는 재난을 당하게 되었다. 이승만의 산림녹화 산업과 같은 친환경 사업은 박정희 대통령이 뒤를 이어 추진했다. 박정희 대통령의 새마을 운동에 뿌리가 되어 민족 근대화 발전에 큰 힘이 된 것이다. 그 결과 식민지와 전쟁으로 황폐했던 절망의 땅에서 희망의 금수강산으로 바뀌게 되었다, 산림 복원으로 개발도상국에서 선진국으로 가는 눈부신 경제 발전으로 자손만대 번영 길로 이끈 계기가 된 것이다.

교육개혁으로 자유와 평등을 현실화

오랜 세월 일제의 제국주의와 북한의 공산주의를 앞세운 6.25전쟁으로 대부분의 학교는 파괴되었다. 교육현장에 남은 거라곤 천막과 공터에서, 대부분 노트와 연필 한 자루도 없는 길 바닦에 텐트와 자리를 펴고 공부할 정도였다. 이승만 대통령은 다른 무엇보다 학교복구와 교육사업 확장을 우선하여 시행하였다. 한성감옥시절부터 손수 교재를 만들어 옥중학당을 만들고 나아가 옥중도서관을 만들어 우매한 백성들을 계몽하는데 앞장서 온 그의 경험은 재임시절 교육개혁의 원동력이 되어 좋은 역할을 했다. 백성의 우매함은 곧 노예로 귀속되는 것을 일제치하 경험에서 그는 잘 알고 있었다. 이승만 정부는 1949년 6년제 의무교육을 도입하였다. 문명퇴치 운동을 벌인 것이다. 그 결과 학생 수가 기하급수적으로 늘어났다. 오랜 고통 속에서 가난과 속박에서 벗어나고자 하는 백성들의 갈급함이었던 것이다. 그렇게 발전한 교육성장은 1960년대부터 본격적으로 진행될 공업화에 필요한 값진 노동력이 되었다. 해방직후 19개교에 불과한 대학이 1960년에는 63개 대학으로 늘어났다. 대학생 숫자도 10만 명 이상으로 늘어났다. 특히 외국어의 전문교육으로 해외 외교관 양성과 기업인들의 해외진출

▲ 인하대학교 전신인 인하공과대학 개교식 교기 수여 장면

을 위해 정부보조로 최초로 한국외국어 대학을 신설하였다.

1953년 인하공과대학을 설립하여 고급 인재 양성을 배출하기 위한 이승만 대통령의 의지가 모습을 드러났다. 대외적으로 경쟁력을 갖추기 위해선 무엇보다 교육개발이 절실했다. 정치망명 시절 하와이에서도 독립운동하면서도 그는 끊임없이 교육에 관련된 일들에 관심을 갖고 매진하였다. 인하대학의 '인하"는 1903년 최초의 하와이 출발지인 인천의 인을, 도착지인 하와이에 하를 결합하여 만든 이니셜이다. '민족교육"이라는 설립의 정신은 그의 사상과 이념을 교육에 투과하려는 강한 면모를 재확인할 수 있었다. 이승만은 1957년 기독교정신을 바탕으로 한 자유민주주의 세상을 만드는 이념을 바탕으로 '우남장학회'를 설립했다. 전국에서 선발된 고등학생들과 대학생들에게 당시에 거액을 장학기금으로 나눠 지급해 학업을 도왔다.

그러나 이 일은 대통령 하야와 동시에 지속되지 못해 아쉬움을 남겼다. 이승만은 가난에서 벗어나는 길을 교육에서 찾았다. 교육을 통해 국민을 계몽시키고 자유민주주의를 실현함으로써 우리나라를 선진국 반열에 세우려는 대한민국 건국 대통령, 이승만의 부국강병의 비젼을 볼 수 있다.

3.15부정선거와 4.19혁명

1956년 5월 15일 제3대 직선제 대통령선거에서 이승만 대통령이 재선되었다. 부통령선거에는 장면 전 총리가 당선되었다. 자유당은 정권유지를 위해 무리한 정책을 시도했다. 이승만에 한하여 출마 횟수를 제한하지 않도록 헌법을 재정하려 했으나 자유당의 개헌안은 야당의 반대로 국회에서 부결되었다. 찬성표가 국회의원 정원 198명의 3분의 2선인 136명에서 1표가 모자라는 135표가 나왔기 때문이다. 그러나 자유당은 사사오입의 원리를 적용해 무리한 정책을 시도함으로써 표결결과를 뒤집었다. 분명한 부정선거였다. 개정된 헌법에 따른 1956년 5월 15일 국민들의 직접선거에 의해 실시된 제3대 대통령선거에서 이승만은 쉽게 승리했다. 1957년 12월 17일 이승만 대통령은 개인의 자유보다 나라 전체의 자유가 더 중요한 것으로 북한 공산주의의 위협이 있는 한 자유는 제한되어야 한다고 말했다. 그러한 맥락에서 혁신계 정당인 진보당의 간부들을 간첩혐의로 체포했다. 1958년에 이승만 정부는 강성해진 비판 세력을 규제하기 위해 신국가보안법을 제정하려고 하였다. 신국가보안법에는 간첩죄와 간첩방조죄에 대한 처벌을 강화하고 공산주의 활동의 의미를 넓게 해석하는 조항이 있었다. 1959년 4월 간첩체포를 반대하려는 카톨릭계의 '경향신문'을 폐간시켰다. 자유당의 부통령후보였던 이기붕은 처음에는 이승만을 적극 지지하고 호위했지만 신임을 얻은 후에는 이승만을 등에 업고 부정부패의 주범이 되었다. 특히 이기붕의 뒤에는 세상의 권력에 한이 맺혀 혈안이 된 한국 근현대사의 최악의 악녀, 박마리아라는 아내가 있었다. 남편 이기붕을 이승만 정권의 실세 제2인자로 만든 인물이다. 한때는 김활란과 함께 일본 친일 반민족행위자로 징병대와 정신대를 옹호하는데 적극 활동했다. 그의 위세가 얼마나 대단했을까, 그들의 집은 서대문의 경무대로 불릴 정도였다. 이승만의 가장 측근에 있었던 이기붕은 여지없이 자신들의 권력과 명예를 위해 이승만의 눈과 귀를 멀게 하는 펜스를 쳤다. 후일에 그 당시 국회의장은 이렇게 증언했다. "4.19사태의 실상은 거짓을 일삼던 간신배들에 의해 사실대로 알려지지 않았다. 자유당 강경파가 대통령을 에워싸고 사람과 정보도 막고 온건파의 보고마져도 차단하였다." 최측근의 비리와 기회주자들의 득실거림, 간신배들의 현란함은 90대를 바라보는 이승만 대통령을 꼭두각시로 만들었다. 원래 제3대 대통령이 되는 것은 이승만 대통령의 의도는 아니었다. 평소의 소신대로 불출마를 선언했다. 이승만의 정치인생에 그만이 결단해야 할 두 가지가 있었다. 하나는 조용히 물러나는 것이었다. 그 증거가 아무런 저항 없이 하야한 것이며, 하와이로 망명하여 생활비의 일부를 한인교포들의 도움을 받은 것이다. 두 번째는 아직 전쟁 중에 있는 민족의 과제, 남북통일에 대한 염려가 있었다. 이 사정을 잘 아는 자유당과 그들과 합세한 검은 세력과, 이기붕과 박마리아 의도대로 이승만 대통령에게 두 번째 감성을 강하게 자극하며 집요하게 설득했고 관민을 동원해 출마를 종용하는 관제 데모를 일으켰다. 제2차 개헌에서 대통령 자리가 비었을 때 부통령이 대행한다는 조항에 권력욕에 혈안이 된 이들은 결국 1960년 3.15부정선거를 만들었다. 다시 제3대 대통령 출마를 강권했고 자신들의 입지와 자유당의 입지를 굳혀 대통령에 대한 야욕과 함께 멈추지 않은 무리수를 두게 된 것이다. 자유당은 기반인 국부 이승만에 대한 국민의

▲ 부정선거에 항의하며 거리로 쏟아져 나온 시민들

표는 무시할 수 없었다.

  1960년 3.15일 정.부통령 선거를 맞게 되었다. 선거는 자유
당에 이승만 대 이기붕과 민주당의 조병욱 대 장면의 대결이
었다. 그러나 민주당의 대표 후보인 조병욱이 미국에 위암으
로 병을 치료하러 갔다가 사망하면서 사람들의 관심은 부통령
선거에 몰리게 되었다. 정권 재창출에 눈이 먼 자유당은 이기
붕을 부통령에 당선시키기 위한 무리한 선거 전략을 구상했다.
투표함을 바꾸는 것 등을 포함해 불법과 부패로 부정선거를 저
질렀다. 백성들은 이기붕의 술책을 알면서도 이승만 대통령에
대한 연민으로 자유당을 버릴수 없었다. 이기붕의 당선이 발표
됐을 때 여론은 선거 결과를 인정하지 않고 강렬하게 반정부시
위로 이어갔다. 3월 15일 경남 마산에서 선거 당일 부정 선거

▲ '민주주의 사수하자'라고 외치는 4·19 당시 학생들의 시위

를 규탄하는 대규모 시위가 벌어졌다. 4월 11일 시위 때 행방불명 되었던 김주열 학생의 시신이 심하게 상한 상태에서 바다에 떠오르는 사건이 있었다. 처참하게 죽은 시신의 모습을 본 시위대가 또다시 큰 시위로 불이 붙기 시작했다. 4월 18일 대학생과 고등학생들의 시위가 확대되어 도시 한복판 서울 중심으로 옮겨졌다. 4월 19일 고려대학교 앞에서는 대학생들 주측으로 한 대규모 시위대가 "부정선거 다시하자!"라는 구호와 함께 평화로운 거리시위를 하고 있었다. 그러나 자유당 정권 내내 기승을 부렸던 정치 깡패들이 학생들을 무차별로 폭력을 가하는 바람에 전국 데모로 확산되었다. 이로 인해 인명피해가 발생했으며 유혈사태로 이어지고 있었다.

경무대로 돌진하는 일이 일어났다. 이승만의 측근 아첨꾼들은 전국이 시위대로 불타고 있는 상황에도 허위보고를 하였다. 이승만의 업적에 먹칠을 하는 일이었다. 4월 21일이 돼서야 사태를

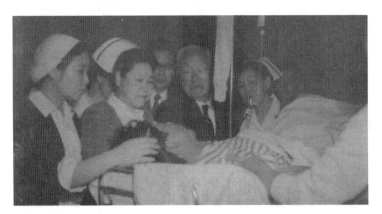

▲ 서울대 병원을 찾아 시위 부상자를 위문하는 이승만

수습할 수 없는 상태가 되자 이기붕은 사실대로 말하고 관련자들이 전원 사퇴하였다. 학생들의 데모를 지켜보던 1960년 4월 25일에는 대학 교수단이 "피의 값에 보상하라!"는 현수막을 들고 거리로 뛰어나와 시위를 벌였다. 이승만은 4월 26일에야 유혈사태의 진상을 알게 되었다. 그러고는 "부정을 보고도 일어서지 않는 백성은 죽은것"이라고 동정을 표명하고 부상당한 학생들을 직접 찾아 방문했다. 사태의 진위는 이승만 대통령이 아닌 이기붕 자신의 부통령에 대한 권력욕심과 자유당 내의 무리한 선거정책 때문에 발생한 부정선거였다.

이승만은 뒤늦게 사태의 심각성을 알았다. 그러나 이미 수습하기엔 너무 시간이 지체되었다.

자유민주주의수호 스스로 대통령사퇴

4월 26일 오전 9시 송요찬 계엄사령관을 불렀다. "국민이 무엇을 원하느냐?"고 이승만 대통령이 물었다. "하야 하시랍니다"라고 보고하자 바로 대통령은 대답하였다 "그럼 하야 해야지." 그의 거침없는 대답이었다. 한 나라의 지도자로서 소속당과 측근의 욕망을 방치한 것과 백성의 안위를 보호하지 못한 실수와 책임을 인정한 것이다. 우리는 자유민주의를 인정하고 하야한 이승만 대통령의 모습에서 그의 자주민족 독립투쟁과 자유민주주의 기반을 마련하고 경제발전의 초석을 놓은 사실을 기억하고 대한민국을 건국한 그의 역사적 대의를 결코 잊어서는 안 될 것이다.

4월 27일 "국민들이 원하면 대통령도 물러 나는게 우리 민주주의다."라는 성명을 발표하고 이승만 대통령은 사임서를 국회에 제출했다. 이승만은 자유민주주의 국민을 만들고 그 국민에 의해 희생이 된 것이다. 이승만은 개인적으로는 자기 성공의 희생자인 셈이었다. 이승만이 사임하자 스스로의 부정을 알고도 권력욕에 양심을 잃은 이기붕 가족이 모두 자살했다. 이승만의 양자 이강석은 비리의 주동자인 친부모 이기붕 부부와 동생을 총으로 쏘고 자신도 그 자리에서 목숨을 끊었다. 이런 이유로 자유당 정권의 핵심세력이 흩어지게 되었으며 4월 28일 아침 이승만은 조용히 경무대를 떠나게 되었다. 그동안 정들었던 경무대를 지나 종로 이화장 집으로 가는 길에는 많은 백성

▲ 하야성명을 발표한 후 경무대를 떠나 거처인 이화장으로 가는 이승만 대통령

들이 나와 그를 애틋하게 바라보며 환송을 했다. 국민들은 이승만을 존경했다. 그가 지나는 길에 어떤 저항이나 폭동도 일어나지 않았다. 오히려 잠잠했다. 이화장의 담벼락엔 이승만 대통령의 만수무강을 기원하는 글귀가 여기저기 붙여졌다. 대부분의 국민들은 그의 업적을 기억하며 아쉬워했다. 사람들은 말했다. "이승만 대통령에게 잘못이 있다면 미리 대통령 자리를 물러나지 못한 것이라고... 희망 없던 이 나라를 일본의 압제와 북한 공산당의 남침에서, 나라를 구하고 세계에서 가장 가난한 나라를 이렇게 먹여 살렸다. 이승만이 없었다면 나라도 없고 다 굶어 죽었을 것이다." 거리에 나온 국민들의 안타까운 아픔의 고백이었다.

▲ '만수무강 하소서' 이화장 담벼락에 국민들이 써서 붙인 벽보들

"자유권의 행복을 장구히 누리는 사람들은 패트릭 헨리가 노예제에 반대하여 한 그 유명한 말, "내게 자유를 주든지 아니면 죽음을 달라"고 한 뜻을 충분히 깨닫지 못할 것이지만 우리는 이것을 아는 터입니다. 그래서 우리 남녀는 모두 자유권을 보호하며 노예제를 반대해서 목숨을 내놓고 싸우는 것입니다. 우리가 알고 또 모든 친우들이 아는 한국에서나 인도차이나에서나 어디를 막론하고 자유권리가 위험한 곳에서 우리가 싸워 막지 못하면 우리 모든 사람과 모든 사람의 후손들이 누릴 자유권을 잃어버리고 말 것입니다."

대통령 이승만 담화집

08

1965년
건국대통령 서거/
이승만의 유언

▲ 경주박물관 경내에서 이승만 대통령 내외. 1949년

건국대통령 하와이에서 서거

　1960년 5월 29일 이승만은 프란체스카 여사와 함께 미국 하와이로 떠났다. 하야 후 심신이 지쳐 있는 이승만에게 프란체스카 여사가 하와이에 가서 몇 달만 쉬고 오자고 제안을 하였다. 그것이 그가 그토록 평생 몸 바쳐 사랑한 대한민국 땅에서의 마지막 시간이었다. 해방 이후 1945년 10월 16일 고국에 돌아 온지 15년 만에 독립운동지이며 사연 많은 하와이로 다시 가게 된 이승만은 한국 방향인 서쪽 바다를 바라보며 항상 고국을 그리워했다고 한다. 호눌룰루 마키키스트리트 2033번지의 작은 목조주택에서 한인 교민들의 도움으로 하루하루를 보냈다. 고국에서 가져온 것는 겨우 옷 몇 가지와 그가 평생 사용한 낡은 타자기와 낡은 손목시계와 몇 개의 생활용품이 전부였다. 12년간 최고 권력자의 짐은 이게 전부였다.

　1년 반이 지난 후 1961년 12월 13일 이승만의 양자 이인수 박사가 하와이로 찾아 왔다. 아들에게 그가 물은 첫마디가 국내에 사정에 대해 나라가 어떻게 되어 가고 있냐고 물었다고 한다.

　그 당시에 5,16군사혁명으로 어수선한 나라의 상황을 그대로 말씀 드리면 걱정을 하실 거 같아 잘되어 가고 있다고 말씀 드렸다. 걱정하지 않으셔도 된다고 말씀드리자 바로 응수하셨다고 한다. "이봐, 너는 남이 잘돼 간다는 말을 믿지 마라. 내가 잘된다는 말만 듣고 있다가 이렇게 결단이 났어." 라고 아주 침통하고 한 맺힌 목소리로 대답하셨다고 한다. 그는 측근들과 그들을 신뢰한 보고를 믿었다. 경무대 안에는 정보가 차단되고 본의 아니게 부정 선거가 일어나고 그로 인해 4.19라는 사건을 당하면서 그가 겪은 뼈아픈 심경의 고백이었던 것이다. 그리고 통일을 위해 누가 일어서고 있냐고 물었다고 한다. 이인수 박사는 우리 국민들 모두 통일을 염원하고 있으니 염려를 놓으시라고 말씀드렸다. 그러자 이승만은 "아~ 통일을 마음에는 두고 있으면 안 돼, 일을 해야지, 나 이승만이가 통일한다고 한번 했으면 다음에 누가 또 나와야 하지 않겠느냐, 통일은 통일을 위해 일하면서 힘을 기르는 일이다. 모든 분야에서 우리가 통일을 이룰 수 있는 실력을 기르는 것이 바로 우리들이 할 일이

▲ 양자 이인수가 하와이로 찾아와 대면하는 모습 1961년 12월 18일

▲ 현충원까지 운구되는 이승만 박사유해를 수행하는 수행원들

다.” 라고 말씀 하셨다고 한다.

이승만의 마지막 유언, 부국강병과 남북통일

파란만장한 평생의 정치활동으로 다 쇠해진 자신을 되돌아보며 때론 무덤덤한 표정을 짓기도 하였다고 한다. 2~3개월 머물 예정이었던 하와이 체류는 한없이 길어졌다. 이승만은 누구보다 더 간절히 귀국을 원했다. 건강이 회복되면 그가 원했던 것은 고국의 품에서 마지막을 보내는 것이었다. 이에 1962년 3월 17일, 귀국을 준비하고 기다리던 이승만에게 하와이 총영사가 찾아와 “귀국하는 걸 조금 연기해 주십시요.”라고 말했다. 당시 5.16혁명으로 갓 등장한 박정희 군사 정권에게 이승만의 등장은 부담스러운 것이었다. 귀국 만류를 듣고 고국에 돌아 갈 수 있는 희망이 적어지자 극도로 낙심하게 되었다. 죽기 전에 조국의 땅을 한번 밟아 보는 게 소원이었다. 건강이 하루가 다르게 나빠져 갔다. 쇠약해진 이승만은 거처를 요양원으로 옮겼다. 태평양 주둔 미군 총사령관인 화이트 대장과 맥아더 장군과 램니치 장군, 밴 플리츠 장군들은 이승만을 위로하기 위하여 하와이 그가 거하는 초라한 요양원에 찾아와 격려를 해주곤 했다. 그리고 화이트 대장은 이승만의 병원 혜택을 받는데 지원을 아끼지 않았고 밴플리트 장군은 박정희 대통령에게 소식을 전하여 이승만의 사후 처리문제를 도와주었다. 프란체스카 여사는 어려운 순간마다 친정에 물질의 후원을 요청했다. 요양비를 아끼느라 24시간 간호보조원 자격으로 돌보았다고 한다. 이승만은 식사 때마다 그가 평생 하던 그대로 기도를 드렸다고 한다. "하나님 감사합니다, 이렇게 일용할 양식을 주셔서 오늘 이렇게 생명을 연장해 주셔서 감사드립니다. 하나님 이제 육신의 힘이 다하여 맡겨주신 사명을 더 이상 감당하기가 어렵게 되었습니다. 이제는 하나님께서 우리 한국 민족에게 복을 내려주옵소서." 그가 이 땅에서 하나님께 드린 마지막 간절한 기도였다. 그리고 얼마 되지 않아 뇌출혈로 수족이 마비되고 재임시절 자신의 몸을 돌보지도 못한 합병증 증세들이 나타나기 시작했다. 끝내 그가 그리던 고국땅을 밟지 못하고 요양원 생활 3년째인 1965년 7월 19일 오전 0시 30분, 위대한 영웅 이승만 대통령은 90년의 긴 정치인생의 여정에서 영원히 눈을 감았다.

이승만 대통령은 마지막 유언을 아들 이인수와 그의 아내에게 남겼다.

"그리스도께서 우리를 자유롭게 하려고 자유를 주셨으니
그러므로 굳건하게 서서 다시는 종의 멍에를 메지 마라" -
갈라디아서 5장 1절-

"지금 우리나라의 남북통일을 위해 나서는 이가 있느냐.
내 소원은 걸어서 백두산까지 걸어가는 거야."

"보라고, 우리는 북한, 중국, 소련에 자유로운 한국인의
삶을 위협할 세력이 있지 않느냐, 이것이 국제 세력과 맞
물려 있다. 힘을 길러야 한다."

"나라를 한번 잃으면 다시 찾기가 얼마나 어려운지를 우리
국민들은 잘 알아야 하며, 경제에서나 국방에서나 굳건히
서서 두 번 다시 종의 멍에를 메지 말아야 한다.
이것이 내가 우리 국민들에게 주는 유언이야. 반드시 자유
를 지켜야 해."

이인수 박사는 아버지의 마지막 깊은 심중의 유언을 듣고 뜨
거운 눈물과 가슴이 메었다고 했다. 그의 나라사랑의 열정은
마지막 입술이 닫히는 순간까지 이어졌다. 한성감옥에서부터
시작된 애국운동은 흑암의 땅을 희망과 자유의 땅으로 만들었
다. 이승만은 대한민국에 자유민주주의를 실현한 민족의 등불
이었다.

하와이에서 이승만 대통령의 영결식은 한국기독교회에서 천
국환송예배로 시작되었다. 이날은 하와이의 모든 방송 매체들

이 이 박사를 떠나보내면서 애도 방송을 했다고 한다. 평생을 정치인 남편 이승만 대통령을 겸손과 지혜로 내조한 프란체스카 여사가 도착한 8시 30분쯤 조화가 교회 전체를 가득 채웠다. 수많은 현지인들과 교민들이 애도를 표하기 위하여 각 지역에서 쉴 새 없이 몰려들었다. 그중에 미국의 한 노신사가 사람들을 헤치고 이승만의 관을 붙들고 울부짖었다. 그는 이승만이 독립운동 때문에 일본의 눈을 피해 이승만을 관에 넣어 상해 임시정부에 밀항하도록 도와준 오랜 미국인 친구 윌리엄 보스윅이었다. 긴 세월 동안 이승만의 독립운동을 지켜본 친구였다.

"내가 자네를 안다네, 내가 자네를 알아.
자네가 얼마나 조국을 사랑하는지
그것 때문에 네가 얼마나 수많은 고통을 겪어 왔는지
바로 잃어버린 조국.
빼앗긴 국토를 되찾으려는 애국심 때문에
네가 그토록 온갖 조소와 비난 받으며
고난의 가시밭길을 걸어 온 것을 내가 알아.
자네가 얼마나 억울한 지를 내가 잘 안다네.
친구여 그것 때문에 자네가 얼마나 고생을 해 왔는지
내 소중한 친구야."

생전에 건립한 하와이 한인기독교회관에 안치되었던 유해가 실내를 떠나 그가 그토록 그리던 고국으로 싸늘한 주검으로 돌아오게 되었다. 이승만의 영구는 진주만의 히컴 공군기지로 옮겨져 오후 10시 30분에 도착하여 미국 의장대의 사열을 받은 후 여섯 명의 의장대가 조포를 발사하면서 공항 영결식을 마쳤다. 그리고 바로 미군 수송기에 실렸다. 밴플리트 장군을 포함한 일행과 함께 김포공항에 도착한 이승만의 영구는 군 의장대에 의해 운구되었다. 시청을 지나 광화문을 지나는 길에 수많은 행렬로 가득 메운 인파의 물결은 건국 대통령의 운구를 맞이하는 슬픔을 감추지 못했다. 대학로를 지나 정든 집 이화장에 옮겨졌다. 7월 27일 그가 주님을 만난 청년시절부터 늘 다니던 정동제일감리교회로 옮겨져 영결예배를 가졌다. 사람들이 구름 떼 같이 광화문 일대와 시청 앞 광장에 이어 서울역까

▲ 이승만 대통령과 부인 프란체스카여사의 다정했던 생전 모습

▲ 경찰차량과 기마경찰의 에스코트를 받으며 국립묘지로 향하는 건국 대통령의 운구행렬. 1955년 7월 27일

▲ 정동제일교회에서 영결식거행, 시청앞 광장의 운구행렬

▲ 서울역 광장에서 수 많은 남녀노소가 몰려나와 마지막 가는 건국 대통령의 운구행렬 지켜보았다. 1965년 7월 27일

지 인산인해를 이루었다. 백성들은 국부를 잃은 슬픔과 함께 그의 가는 마지막 길을 전송했다. 운구는 동작동 국립묘지로 향했다.

독일 '디차이퉁'지 기자가 찾아와 인터뷰를 사양하는 미망인이 된 프란체스카여사에게 "하나만 대답해달라, 남편에 대해 무엇이 가장 기억이 남는가?"라고 묻자 "어려움에 처할 때마다 엎드려 기도하는 남편의 모습"이라고 했어요.

하나님의 사람, 기도의 사람, 하늘의 별이 되다.

그는 하나님의 사람이었다. 어려운 시기마다 오직 나라를 위해 기도했던 하나님의 사람 이승만, 나라의 독립과 부국강병의 비젼을 향해 일생을 조국에 바친 그가 태극기에 덮인채 국립묘지에 영원히 잠들었다. 위대한 생을 마감한 애국자의 마지막 가는 길을 지켜보기 위해 나온 백성들의 행렬은 쉽게 그 자리를 떠나지 못했다. 조선의 봉건주의, 일제의 제국주의, 북한의 공산주의와 주변 강대국들의 틈바구니 속에서 민족의 자긍심을 갖고 자유민주주의를 위해 맞서 싸워 나왔던 대한민국 건국의 영웅이었다. 대한민국이 세계정상에 우뚝 서는 그날을 꿈꾸며 오직 한길을 달려온 대한민국 건국 대통령 이승만, 그가 마지막 가는 길에 수십만의 국민들은 가난과 억압에서 해방된 자유의 물결이 되어 애도하였다.

▲ 덕수궁에서 개최된 문화재 전시회를 둘러보고 걸어 나오는 이승만 대통령 내외.
1957년 5월 13일

어두운 한반도의 역사에 동양의 영웅 이승만은 언론인, 교육자, 외교가, 정치가로 활발히 활동을 하였다. 독립운동을 계기로 임시정부의 대통령이 된 후 특히 외교가, 정치가로서 활동한 이승만은 봉건주의 사상에서 기독교를 받아들이고 신학문을 배우면서 자유민주주의, 자유시장경제주의, 정치적 이념을 추구하였다. 자유민주주의를 실현함에 있어 중국 영향권을 벗어나 미국식의 자유민주공화국을 이뤄야 한다는 확고한 건국 이념으로 현실화하여 한강의 기적에 초석이 된 대한민국을 지탱한 지도자였다. 20세기 극동아시아의 급변화 시대에 제1공화국은 우리나라가 처했던 특수하고도 복잡함속에서도 그만의 강직한 신념으로 건국 비전을 실현해 나갔다.

이승만은 대통령 말기 본인의 과오와 측근들의 부패로 그가 이루어낸 업적과 성과마저 정당한 평가를 받지 못하고 있다. 한 시대 인물을 평가할 때는 그 시대의 상황을 고려해야 할 것이다. 공과 과는 어느 시대나 인물과 역사 속에 존재한다. 그는 과오를 넘어 눈부신 오늘이 있기까지 대한민국의 장기적인 정치, 경제, 교육 등의 모든 분야 발전에 기틀을 만든 대한민국 건국 대통령이었음을 우리는 반드시 기억해야만 한다. 지금 우리가 누리는 자유는 공짜가 아니다. 또한 우리 한반도 역사에 지대한 공을 세운 선조들의 업적을 기리고 계승하여 자손만대까지 부국강병을 이어가야 할 것이다.

"지금 우리나라의 남북통일을 위해 나서는 이가 있냐 내 소원은
걸어서 백두산가지 걸어가는 거야."

이승만의 마지막 유언 중

부록

세계속의 이승만 co-workers

올리버 R. 에비슨 (Oliver R Avison) 제중원 원장. 세브란스 병원 설립자

"이승만이야말로 과거에도 위대했고 지금도 위대한 인물이다. 그는 한국이 배출한 세계적인 위인 중에 하나이다."

더글라스 맥아더(Douglas Mac Arthur) 미국 UN군 사령관

"그는 대한민국보다 크다. 이승만은 결단력이 있고 타협할 줄 모르는 당대의 영웅적인 항일 투사다."

존 무초(John Joseph Muccio) 첫 주한 미국대사

"그는 아주 머리가 좋은 사람이었고, 45년간 한국의 독립이라는 하나의 목표를 위해 달려온 의지의 인간이었다. 그는 아주 고차원적인 시각에서 복잡한 세계정세를 정확하게 이해했다. 그의 영어는 글과 말 무엇이든지 유창했고, 그의 탁월한 웅변은 미국인들을 사로잡았다."

그렉 브레진스키 (Gregg Brazinsky) 현 조지 워싱턴 대학교수

"한국 근대사 연구에서 이승만을 빼놓고는 어떤 사건도 정확한 설명이 되지 않는다."

마크 웨인 클라크 (Mark Wayne Clark) 전UN군 총사령관

"이승만 대통령은 강한 반공 투쟁을 통해서 뿐만 아니라 때로는 미국에 대해서도 서슴없이 주장을 내세우는데 결코 비굴하지 않았다, 그는 공산주의들의자 주장처럼 허수아비 지도자가 결코 아니었다, 그는 아시안이었다. 그리고 그는 강력한 지도자였으며 그에게는 빛이 있었다, 요컨대 그는 '아시아의 별'이었던 것이다. 나는 지금도 한국의 애국자 이승만 대통령을 세계에서 가장 위대한 반공지도자로 존경한다."

매튜 리지웨이 (Matthew Ridway) 미국 제8군 사령관,맥아더 후임

"이승만은 공산주의에 대한 증오에서는 타협을 몰랐고, 자기 국민에 대한 편애가 심했고, 불가능한 일을 끈질기게 요구했으나 마음속에는 깊은 애국심으로 가득했고, 애국심에 의지해 오랜 망명 생활을 보내고 귀국한 이후 눈뜬 시간의 거의 대부분을 나라를 위해 바쳤다."

짐 루카스 (Jim Lucas) 종군기자. 퓨리처 상 수상자

"이승만 박사가 없었더라면 한국 민중은 쉽게 우리 미국의 의지대로 움직였을지도 모른다. 그러나 이 박사의 명령에 따라 그들은 우리의 의견을 따르지 않는다. 나는 이 대통령이 여러 차례 자기주장을 굽히려는 막다른 순간까지 갔으리라고 생각한다. 그것은 쉬운 길이었다. 그렇게 함으로써 신랄한 비판을 찬사로 바꿀수 있었다. 그러나 그 순간에 이를 때마다 그는 자신에 대한 반란을 일으켰다. 이 박사는 공산 치하에서 고통을 받는 북한 주민들을 생각하고 북한이 중국의 하나의 성이 되리라고 상상하고는 고독하고 외로운 애국의 길을 걷고 있다."

우드로 윌슨 (Thomas Woodrow Wilson) 제28대 미국 대통령, 프린스턴대학 총장

"그는 우수한 능력과 고결한 성품을 지녔고 조선의 현 상황과 동양의 정세에서 놀랄 만큼 정통하며 이를 성공적으로 개진한다. 그는 애국심이 특별하며 장차 조선의 구원자가 될 것이다."

월터 로버트슨 (Walter S. Robertson) 미국 국무부 차관보

"이승만은 빈틈이 없었고 책략이 풍부한 인물임을 확인할 수 있었다, 이승만은 우리 미국을 궁지로 몰아넣었고, 그리고 그는 그것을 잘 알고 있었다."

존 힐드링 (John Hilldring) 미국 국무부 차관보

"이승만은 강대국 소련에 대한 미국의 편법적인 방법을 버리게 했다. 동시에 약소국 한국에 정당하고 외로운 태도를 취하게 했다. 이승만은 미국을 자기편으로 만들었다, 이는 위대한 십자군 전쟁이였다."

더글라스 부쉬비 (Douglas Bushby) UN 공식 특파원
"진실로 이승만 대통령을 만난 것은 내 일생일대의 보석 같이 여길 하나의 대사건이자 큰 영광이었다."

드와이트 아이젠하워 (Dwight David Eisenhower) 제34대 미국 대통령
"그는 여전히 자기 나라의 국부이시다."

Maxwell Davenport Taylor 미국 제8군 사령관, 밴플리트 후임
"한국의 이승만 같은 지도자가 베트남에도 있었다면, 베트남은 공산군에게도 패망하지 않았을 것이다."

리처드 닉슨 (Richard Milhous Nixon)
"나는 이승만의 뛰어난 지성에 감명을 받고 한국을 떠났다. 공산주의자들은 상대할 때 예측할 수 없게 하는 것의 중요성을 강조한 이승만의 통찰력에 대하여 많은 생각을 했다. 그 후 그의 현명함을 더욱더 높이 평가하게 되었다."

노로돔 시아누크 (Norodom Sihaouk) 캄보디아 국왕

"이승만은 전후 신생국가의 지도자 중 급이 다른 대통령이
다, 많은 지도자들이 무장투쟁을 통하여 독립을 쟁취하려는데
반해 이승만은 외교를 통하여 즉 세계정세의 흐름을 이용하여
대한민국을 세웠다, 수가 많고 수준이 다른 인물이었고 아시아
를 대표하는 반공산주의 지도자였다. 오늘날 대한민국의 발전
은 이승만 덕분이었다."

로버트 올리버 (Robert Tarbell Oliver) 펜실베니아 주립대학교
언론학 교수

"우리 시대에 가장 위대한 인물 중에서 그는 아마도 가장 덜
알려진 인물일 것이다. 이승만은 참으로 위대한 인물이다. 그
는 조직력과 지도력, 그리고 예언가의 비젼을 두루 갖춘 인물
이었다. 이승만은 위기와 가난의 절망에서 비젼으로 이끈 위대
한 지도자였다. 그런데도 한국인들은 이승만에 대해 자부심을
느끼기보다 악의적인 비판에 솔깃해 하고 있다. 왜 한국인들은
한국이 키워낸 위대한 지도자를 오해하고 있는 것일까? 이승만
은 한국보다 다른 나라에서 그 유례를 찾아 보기 어려운 지도
자이다, 그의 이름은 위인을 많이 배출한 한국 역사에서도 단

연 가장 위대한 정치가로 기록될 것이다."

제임스 밴 플리트 (James Alward Van Fleet) 미국 제8군 사령관 겸 UN군 사령관

"이승만은 한국의 위대한 애국자이다. 강력한 지도자. 강철 같은 사나이. 카리스마적인 성격의 소유자로 자기 체중만큼의 다이아몬드에 해당하는 가치를 지닌 인물이다. 군 생활 마지막 9년 동안 세계 각국의 쟁쟁한 정치가들을 만나는 행운을 얻었다. 그중에 이승만 박사가 제일 뛰어나다."

대한민국 건국 대통령 이승만의 연보

제1대 대통령 1948년 7월 24일~1952년 8월 14일
제2대 대통령 1952년 8월 15일~1956년 8월 14일
제3대 대통령 1956년 8월 15일~1960년 4월 27일

- **1875년**
  - 3월 26일 황해도 평산군 마산면방 삼리 능안골(현. 황해남도 봉천군 성기리)에서 출생
  - 양녕대군 (태종의 장남)의 16대손
  - 9월 26일 운양호 사건
- **1876년**
  - 2월 26일 병자수호조약(강화도 조약) 승인
  - **1877년** 서울로 이사, 남대문 밖 염동, 낙동을 거쳐 도동의 우수현에서 성장
    호: 우남(자신이 태어나고 자란 우수현 남쪽을 가리킴)
- **1879년**
  - 이건하가 세운 낙동 서당에 입학
- **1882년**
  - 5월 22일 한 · 미수호통상조약 승인
  - 6월 5일 임오군란
  - 6월 6일 한 · 영 수호통상조약 승인
- **1883년**
  - 10월 한성순보 창간(우리나라 최초의 근대 신문)
- **1884년**
  - 12월 4일 갑신정변으로 폐간
- **1884년**
  - 7월 7일 한 · 러 수호통상조약 승인
  - 12월 4일 갑신정변
- **1885년~1894년**
  - 이근수(사헌부 대사헌, 사간원 대사간으로 퇴임)의 도동 서당에서 수학,
    9월 11일 감리교 선교사 아펜젤러 배재학당 설립 (조선 최초 서양식 교육기관)

- **1886년**
  - 6월 4일 한·불 수호통상조약 승인
- **1894년**
  - 과거제 폐지(갑오경장으로 추진된 개혁으로 천 년을 유지해 오던 과거제 폐지, 임오군란, 갑신정변으로 격변의 세월로 이어짐)
- **1894년**
  - 2월 15일 동학전쟁 시작
  - 8월 1일 일본의 선전포고로 청일전쟁 발발
- **1895년**
  - 4월 2일 20세로 배재학당에 입학(서양을 만났고 자유민주주의를 만났고 기독교를 만나 옛 봉건제를 벗어버리고 서구지향의 근대적 개혁가로 바꾸어놓은 계기가 됨)
  - 동갑내기 음죽박씨와 결혼(1890년대)
- **1895년**
  - 10월 8일 을미사변(일본 낭인들, 명성황후 시해 사건)
  - 11월 15일 단발령 공포
  - 11월 29일 명성황후의 복수를 계획(춘생문 사건)으로 수배됨 3개월간 평산의 누나집으로 피신
- **1896년**
  - 2월 11일 아관파천(고종황제 러시아공사관으로 피신사건)
  - 4월 7일 독립신문 발간(우리나라 최초의 민간신문, 서재필과 개혁파가 창간 한글, 영문으로편집)
- **1899년**
  - 12월 4일 폐간 매일신문, 황성신문, 대한일보신보 등 민간신문의 교두보 역할을 하게 됨
- **1896년**
  - 5월 배재학당에서 서재필을 통해 서양학문(세계역사.지리,정치학)등을 배움
  - 7월 2일 독립협회 결성
  - 11월 30일 배재학당에서 서재필의 지도로 양흥묵 등과 함께 조직된〈협성회〉를 제1차 토론을 통해 개화와 구국운동의 방향을 설정하게 됨
- **1897년**
  - 2월 25일 고종 1년 만에 덕수궁으로 환궁

- **1897년**
  - 7월 8일 배재학당 졸업식에서 대표로 '한국의 독립'이라는 유창한 영어 연설로 참석한 정부 각 고관들과 주한 외국 사절에게 깊은 감동을 불러 일으킴
- **1897년**
  - 10월 12일 고종황제즉위, 대한민국으로 국호 변경
  - 11월 20일 서울 서대문 현저동에 독립을 고취하기위해 독립문 준공
- **1898년**
  - 1월 1일 〈협성회 회보〉 창간, 주필 맡음. 한국 최초의 현대시 고목가 (song of the tree)를 실어 열강의 침략에 대한 국민의 경각심을 심어줌
  - 3월 10일 독립협회. 종로에서 제1차 만민공동회 개최, 러시아 이권 침탈 규탄, 가두 연설함
  - 4월 9일 〈협성회 회보〉를 한국 최초의 일간지인 〈매일신문〉으로 발전, 사장 및 주필로 활동
  - 7월 27일 아들 봉수 (일명 태산) 출생
  - 8월 10일 이종일과 함께 〈제국신문〉 창간에 참여, 독립협회 사건으로 투옥된 후에도 2년 3개월 간 논설 집필
  - 11월 5일 조선의 수구파(위정척사파)의 무고로 체포된 독립협회의 이상재, 남궁억 등 17인이 체포되자 이승만을 중심으로 경무대, 평리원 (현.고등법원)앞에서 배재학당 학생들과 대중들과 함께 철야농성으로 전원 석방시킴
  - 11월 21일 만민공동회 대표로 연설 도중 수구파들이 보낸 보부상 수천 명의 습격으로 유혈 충돌이 발생
  - 11월 28일 중추원의관(종9품)에 이승만, 남궁억 등 50여명에게 임명
  - 12월 25일 고종, 민회금 압령을 내려 수구파의 대신들과 함께 이승만이 이끌던 만민공동회 탄압 및 해체, 미국인 해리셔만의 집으로 피신
- **1899년**
  - 1월 9일(24세) 고종 폐위 음모에 가담했다는 혐의로 체포 5년 7개월 간 한성감옥생활 시작
  - 1월 17일 미국공사 알렌이 이승만의 석방을 박제순 외부대신에게 요구, 거절당함
  - 1월 30일 독립협회동지 최정식, 서상대 2인과 함께 주시경(한글학자)의 도움으로 감옥 탈출 시도 실패, 탈출에 성공한 서상대 중국으로 망명
  - 3월 18일 첫 공판 실시됨

- 5월 4일 한국 최초 전차 개통 (동대문~흥화문)
- 7월 11일 평리원(현.고등법원) 재판장 홍종우에게 곤장 100대와 종신형 선고 받음, 한성감옥에 수감. 최정식은 처형
- 9월 18일 경인선 한국최초로 개통 (인천~노량진)

· **1900년**
- 4월 10일 서울 종로에 국내 최초 민간전등 개설
- 7월 5일 한강철교 개통
- 8월 한성감옥에서 알렌 공사와 중국인 채이경이 쓴 청일전쟁의 교훈이 담긴 〈중동전기본말〉을 한글로 번역 (1917년 하와이에서 '청일전기'라는 이름으로 출간)

· **1901년**
- 감옥에서 '제국신문'과 '신학일보' 논설 집필

· **1902년**
- 1월 3일 영 · 일 동맹 협약
- 10월 옥중 도서실 운영. 어린이 죄수들 교육 및 돌봄

· **1903년**
- 10월 28일 황성기독교청년회 YMCA 발족

· **1904년**
- 2월 8일 일본의 기습공격으로 러일전쟁 발발
- 2월 23일 한일의정서 강제 협약
- 6월 29일 옥중에서 '독립정신' 탈고(1910년 3월 LA 대동신서관서 첫 출판. 1917년 태평양잡지사서 재판)
- 8월 9일 고종의 석방 결정으로 감옥서 출옥
- 10월 15일 남대문의 상동교회 상동청년학원 교장 취임(미국으로 가기 위해 곧 사임 11월 4일~29일 인천 재물포항에서 미국으로 출국(독립 보전에 대한 미국의 지원을 호소하기 위한 고종의 밀사 자격)일본 고베를 거쳐 호놀룰루에 도착
- 12월 6일~31일 샌프란시스코, LA, 시카고를 거쳐 워싱턴에 도착

· **1905년**
- 1월 15일. 〈워싱턴포스트지〉에 일본의 한국 침략에 대해 폭로하는 이승만 인터뷰 게재, 30세로 죠지 위싱턴대학에 2학년 2학기 편입 · 특별장학생으로 입학
- 2월 20일 한국선교사로 왔던 휴딘스모어 상원의원 도움으로 존헤이 국무장관 면담

- 4월 23일 워싱턴의 커버넌트 장로교회 루이스 햄린 목사로부터 세례 받음
- 7월 29일 가쓰라-태프트 밀약
- 8월 5일 윤병구 목사와 함께 시어도어 루르벨트 대통령을 면담 한국의 독립보전에 대한 요청과 독립청원서 전달
- 9월 5일 러일강화조약 (포츠머스조약) 승인
- 9월 10일 시종무관장 민영환으로부터 친서와 300달러 받음
- 11월 20일 장지연 '황성신문'에 시일야방성대곡 기재
- 11월 30일 민영환 자결
- **1906년**
  - 2월 1일 조선 통감부 설치
  - 2월 25일 아들 봉수 일 명:태산 필라델피아 병원에서 사망
  - 3월 2일 이토 히로부미 초대 조선 통감으로 취임
  - 7월 매사추세츠주 노스필드에서 '만국학도대회'에서 한국 총대로 활동
  - 11월 5일 일본 쓰시마에서 의병장 최익현 순국
- **1907년**
  - 1월 29일 서상돈 등 국채보상운동(국권 회복, 사회, 경제, 독립운동)전개
  - 6월 5일 죠지워싱턴대학 콜롬비아 학부(BA) 졸업
  - 6월 23일 〈워싱턴포스트트〉지에 이승만이 YMCA에서 했던 '고요한 아침의 나라' 연설기사 실림. 대한민국의 독립과 자유를 강조 〈에드베리파크〉, 뉴욕모닝포스〉지에도 실림
  - 7월 14일 이준 열사 순국
  - 8월 1일 헤이그 만국평화회의에 참석. 뉴욕에서 이상설 만남
  - 9월 하버드대학교 석사과정 입학
  - 12월 15일 황태자 이은, 이토 히로부미에 끌려서 일본에 도착
  - 12월 24일 이승훈 오산학교 설립
- **1908년**
  - 1월 1일 박용만, 이관용 등과 '애국동지대표자회' 창립
  - 7월 10일 콜로라도주 덴버에서 열린 애국동지대표자대회(The Korea Patrious' Delegation Convention)에서 의장으로 피선, 〈덴버 리퍼브리칸〉지가 자세히 보도
  - 8월 프린스턴 대학교 박사과정 입학. 정치학과 국제법 수학
- **1909년**
  - 3월 4일 민적법(현행 호적법의 효시) 공포 발의

- 10월 26일 안중근 의사 하얼빈에서 이토 히로부미 저격
- **1910년**
  - 2월 23일 하버드대학에서 석사학위(M.A)취득
  - 3월 26일 안중근 의사 순국
  - 7월 18일 프린스턴대학에서 국제정치학 박사 학위 받음
    학위논문 '미국의 영향을 받은 영세 중립론', 1921년 프린스턴대학 출판부에서 출간
  - 7월 19일 서울 YMCA 한국인 총무직제의 수락
  - 8월 22일 한일합병조약 승인
  - 9월 3일 국권을 잃은 조국을 향해 유럽 'S.S,발틱'호를 타고 뉴욕항 출발
  - 9월 10일 황현, 조국 잃은 절명시 남기고 음독 순국
  - 11월 6일 귀국 후 YMCA 학교 간사겸 학감으로 취임. 교육, 전도, 활동 등 번역 및 전국순회전도 등 왕성한 활동
- **1911년**
  - 1월 105인 사건 시작(조선총독부가 민족해방운동을 탄압하기위해 데라우치 마사타케 총독의 암살미수사건을 조작. 독립운동가를 감옥에 가둔 사건. 애국계몽운동가의 비밀결사대 신민회가 해체되는 결과 초래)
  - 10월 죤 모트 저 '신입생 인도' 번역 출간
- **1912년**
  - 3월 26일 다시 미국으로 망명 (1년 5개월 한국생활 정리) '105인 사건'에 뒤이은 체포 위협으로 미네아폴리스에서 '국제기독교 감리회총회' 한국 평신도 대표로 참석차 선교사들의 연결로 출국
  - 6월 19일 은사인 우드로윌슨(당시 민주당 대통령후보) 만남. 한국의 독립 지원 역설. 윌슨의 추천서를 가지고 다니면서 한국의 자유와 독립을 호소와 협력 요청
  - 8월 14일 네브레스카 주 해스탱스에 '소년병학교' 찾아가 위로의 방문
  - 12월 5일 부친 이경선(1833~1896) 별세
- **1913년**
  - 2월 3일 하와이 호눌룰루로 망명. 105인 사건을 폭로하는 〈한국교회핍박〉출간
  - 2월 27일 미 한인감리회가 운영하는 '한국인기숙학교' 교장으로 취임. 한국어와 한글 가르침. '한인중앙학교'로 개칭. 학제 개편
  - 9월 20일 월간 '태평양잡지'창간, 한인동포에게 독립 정신 고취시키는 사설 개최

- **1914년**
  - 1월 11일 호남선(대전~목포 간) 준공
  - 6월 10일 박용만 하와이에서 '대조선 국민군단' 창설
  - 6월 28일 제1차 세계대전 발발
  - 7월 29일 한인여자성경학원 설립
  - 8월 29일 박용만이 창설한 병학교의 막사와 군문낙성식에서 '믿음이란' 주제로 강연
- **1915년**
  - 5월 1일 '대한인국민회 하와이 지방총회' 특별대위원회의 개최 '한인중앙학원'을 미국 감리교 선교부로부터 독립
- **1917년**
  - 호눌룰루에서 '독립전신'(제2판)과 '청일전기'를 출판
  - 10월 29일 뉴욕에서 개최된 약소 25개국 민족대표회의에서 박용만과 함께 한국대표로 참석
- **1918년**
  - 1월 8일 윌슨 미 대통령, 의회에서 평화원칙 14개 조항 발표. 서재필, 정한경, 민찬호, 안창호 등과 워싱턴에서 '신한협회' 조직
  - 7월 29일 호눌룰루에 '신립교회' 설립
  - 9월 '한인여자성경학교를 남녀공학인 한국기독학원(The Korean Christion Institute)으로 개칭
  - 11월 11일 세계1차대전 종전
  - 12월 1일 정한경. 민찬호와 함께 '대한인국민회'의 파리 평화회의 한인대표로 선출. 미국 비자 발급 거부로 불참석
- **1919년**
  - 1월 15일 LA에서 도산 안창호를 만나 시국 논의
  - 3월 1일 삼일절, 대한독립을 세계만방에 고함
  - 3월 10일 서재필로부터 국내에서 3·1운동이 일어났다는 소식 듣게 됨
  - 3월 21일 노령(러시아령) 임시정부에서 국무총리로 추대(대통령 손병희. 부통령 박영효)
  - 4월 7일 국무총리 자격으로 UP통신과 회견
  - 4월 11일 상해 임시정부 의정원. 이승만을 국무총리에 추대(이승만은 4.15일에 알게됨)
  - 4월 12일 하와이에서 독립선언식 거행
  - 4월 13일 대한민국임시정부수립을 대내외에 선포, 필라델피아 시내 소

극장에서 한인대표자회의 개최. 시가 행진. 필라델피아 시장을 비롯한 저명인사들 대거 참석

- 4월 15일 제암리교회 학살사건 발생
- 4월 23일 서울에서 13도 대표들 국민대회를 열고 한성임시정부수립 및 선포, 이승만을 집정관 총재로 추대 (5월 말에 알게 됨)
- 4월 23일 워싱턴에서 대한공화국 (The Republic of Korea) 활동본부 설치
- 4월 30일 파리에 간 윌슨 대통령에게 한국독립과 김규식의 발언권 청원하는 청원서 제출
- 5월 워싱턴의 한 빌딩에서 '한국위원회' 설치
- 5월 18일~6월 27일 항일논설 〈뉴욕타임지〉에 게재 '대한공화국' 대통령이름으로 미국, 영국, 프랑스, 이탈리아, 일본의 국가정부 수반들과 파리강화회의 의장 조르쥬 클레맹소에게 한국의 독립선포를 알리는 공문 발송. 파리에서 외교 활동하는 김규식 대표에게 정부 훈령을 보냄
- 7월 4일 국내외 동포에게 독립을 위한 헌신 촉구하는 '대통령 선언서' 발표
- 7월 17일 워싱턴에 '대한 공화국' 임시 공사관 설치
- 7월 19일 대한민국 임시정부 제5차 의정원 회의에서 이승만과 서재필, 김규식을 국제연맹 파견인으로 임명
- 8월 15일 호놀룰루에서 '대한독립혈전기' 발간
- 8월 25일 워싱턴에서 '구미위원부'를 열고 김규식을 위원장으로 임명
- 9월 1일 재정확보를 위해 김규식과 공동명의로 임시정부 공채발행
- 9월 2일 강의규 의사, 사이토 총독에 폭탄 투척, 사형 집행
- 9월 6일 상해 임시정부 의정원에서 '임시정부' 대통령으로 선출
- 9월 10일 일본총독 사이토 총독 문화정치 공표
- 9월 16일 필라델피아에서 한인전체회의 개최. 한국독립방안논의 토마스 스미스 필라델피아 시장. 스펜서 상원의원 등 한국독립지원 강조 연설 '미국의회의사록'에 기록
- 10월 미국 각지를 돌면서 '대한 공화국' 지지 호소 강연

• **1920년**
- 3월 17일 이승만과 서재필의 권고로 미 상원의원 찰스 토마스와 존 쉬로스. 한국독립승인안을 미 의회에 상정 34대 46으로 부결
- 3월 22일 상하이 임시 의정원 '대통령 내도 촉구안' 만장일치로 채택
- 3월 5일 〈조선일보〉 창간

- 4월 1일 〈동아일보〉 〈시사신보〉 창간
- 9월 28일 유관순 열사 순국
- 10월 21일 청산리 대첩
- 11월 15일 상해임시정부 대통령직에 부임하기 위해 비서 임병직과 네 덜란드 선적 히카호 화물선에 비밀리에 오름. 관 속에 숨어 상해로 출발 (일본이 이승만 30만달러 체포 현상금 발표)
- 12월 8일 상해 도착 미국인 선교사 크로푸트 목사 집에 기거
- 12월 28일 상해 임시정부 청사에서 초대 대통령 취임식
- **1921년**
  - 5월 17일 '외교상 절박과 재정상 절박'을 이유로 '고별교서'를 발표 하 고 하와이로 출발
  - 6월 29일 호놀룰루 도착. 민찬호 등과 '대한인동지회' 발족
  - 7월 27일 창립대회 '대한동지회' 거행
  - 10월 10일 워싱턴 군축회의 참석하는 미국 대표단에게 '한국독립청원 서' 전달
  - 12월 1일 '군축회의'에 드리는 한국의 호소문 발표
  - 12월 3일 조선어 연구회 조직
  - 12월 8일 워싱턴군축회의에 이승만과 서재필을 국내 13도 260군 대표 와 각 사회단체 대표가 서명한 '한국인민치 태평양회서' 제출
- **1922년**
  - 1월 25일 '군축회의에 드리는 한국의 호소' 속편 발표
  - 3월 22일 하와이 이승만 지지자들 '한국인국민회하와이 지방총회'를 '하와이 대한인교민단'으로 개편
  - 6월 17일 상해임시정부 의정원. 이승만 불신임안 12대 0으로 가결
  - 6월 20일 조선 물산장려회 평양에 창립, 조만식 회장 선출
  - 9월 7일 학생고국방문단과 함께 전국각지를 돌면서 야구시합과 공연을 통해 독립운동자금 모금 후 하와이로 귀환
  - 11월 기독교회 신축 예배당 헌당식 및 기독학원 낙성식 거행
- **1923년**
  - 1월 21일 종로경찰서에 김상옥 열사 폭탄 투척 후 자결
  - 3월 20일 방정환 월간잡지 〈어린이〉 발간
  - **1924년**
  - 4월 1일~10월 25일 49세 미국 동부 워싱턴에 샌프란시스코, 로스엔젤 레스, 파나마 운하를 지나 도착

- 11월 23일 하와이로 귀환 후 '대한동지회 종신 총재'로 추대
- **1925년**
  - 3월 23일 상해 임정의 심판위원회, 이승만 면직안 결의. 구미위원부 폐지령 발표. 박은식 임시대통령으로 추대. 이승만은 불복. 구미위원부 지속 운영
  - 4월 10일 구미위원부 〈재만동포옹호〉 팜플렛 배포. 상해 임시정부 의정원 구미위원부 폐지령 선포
  - 4월 25일 조선 공산당 창당
- **1926년**
  - 4월 26일 경성제국대학교 개교
  - 6월 10일 6.10만세 운동
  - 12월 25일 히로히토 일왕 즉위
- **1927년**
  - 2월 15일 독립운동단체 '신간회' 창립
  - 2월 16일 경성방송국. 첫 라디오발송 송출
- **1929년**
  - 로스엔젤레스, 시카고, 뉴욕, 워싱턴 등 대한민국의 독립을 호소
- **1930년**
  - 1월 8일 하와이로 귀환 후 '태평양잡지'로 명칭 변경
  - 1월 24일 김좌진 장군 피살
- **1932년**
  - 11월 10일 상해 임정 국무회의 의해 국제연맹에 한국독립을 탄원할 전권대사로 임명
  - 12월 23일 국제연맹에 한국독립을 호소하기 위하여 미 국무장관이 서명한 외교관 여권을 갖고 뉴욕을 출발, 영국과 프랑스를 걸쳐 국제연맹 본부가 있는 제네바 도착
- **1933년**
  - 1월 26일 프랑스어 일간신문 〈주르날 드 제네바〉 이승만의 인터뷰기사 기고
  - 2월 7일 한국독립을 위한 주장을 실은 장문의 글을 국제연맹회원국 대표들과 기자들에게 배포함으로 각국신문은 대대적으로 보도
  - 2월 16일 '국제연맹' 방송을 통해 극동분쟁과 한국독립에 대해 연설
  - 2월 21일 제네바의 호텔 드뤼시 레스토랑에서 프란체스카 도너 첫 만남
  - 2월 22일 제네바의 신문 〈라 트리뷴 도리앙〉 프랑스어로 독립기사 실림

- 2월 23일 베른의 독일어 신문 〈데르 분트〉 이승만 기사 보도
- 7월 9일~20일 소련에 독립 호소 지원 받기 위해 모스크바에 도착. 불발
- 8월 10일~16 프랑스 니스를 출발하여 뉴욕에 도착
- 10월에 하와이로 귀환
- **1934년**
  - 1월 12일 워싱턴의 〈데일리뉴스〉지에 이승만의 활동 보도
  - 7월 22일 미 국무부의 정치고문 스텐리 박사와 만남, 대한민국독립 호소
  - 9월 16일 장기영과 함께 몬테나 뷰트 방문 〈몬테나 스탠드〉 기사 보도
  - 10월 8일 뉴욕렉싱턴 가의 몽클레어 호텔에서 프란체스카 도너와 결혼, 윤병구 목사와 죤 홈스 박사의 주례로 거행
- **1935년**
  - 1월 24일 하와이에 프란체스카와 함께 도착. 〈스타블리틴〉지에 만주의 한국인도 독일의 자르 지방인처럼 민족자결의 원칙에 따라 지위와 자유가 보장돼야 함을 호소
- **1936년**
  - 8월 9일 손기정 베를린올림픽 마라톤에서 우승
  - 8월 25일 〈동아일보〉 베를린 마라톤우승 일장기 게재 취소
- **1938년**
  - 4월 24일 호룰룰루 릴리하 가에서 '한인기독교회' 건물 낙성식 거행
- **1939년**
  - 7월 8일 일본 국민 징용령 발포
  - 8월 30일 김구에게 한국의 독립에는 절대적으로 미국의 지원이 필요함을 강조한 서신 전달
  - 9월 1일 독일군, 폴란드 침공. 제2차 세계대전 발발
  - 12월 10월 〈워싱턴 포스트〉지와 인터뷰에서 이청천 장군이 중국에서 한국인 3만 명이 일본에 대항해 싸우고 있다는 내용 보도
- **1940년**
  - 2월 11일 일본제국 한국인 창씨개명제 실시
  - 8월 10일 〈조선일보〉, 〈동아일보〉 강제 폐간
  - 9월 17일 광복군 창설됨
  - 11월 5일 하와이에서 해외 한인민족대회 개최
- **1941년**
  - 4월 20일 66세 호눌룰루에서 9개 단체 '재미한족연합위원회'에서 외교위원장 역임

- 6월 4일 대한민국임시정부로부터 '주미외교위원부' 위원장으로 임명. 뉴욕에서 일본의 침공을 경고하는 진주만에 기습 공격 '일본내막기(Japan Inside Out)' 출간 이승만의 예표에 진주만 공격 일어나자 미국 내 베스트셀러가 됨
- 12월 11일 임시정부의 대일선전포고 및 대한민국임시정부 승인 요구하는 서한 미국국무성에 전달
- **1942년**
  - 1월 16일 한미협의회(The Korea-American)를 창설, 미국의회 상원 원목인 프레데릭 헤리스 이사장으로 추대 등 한국임시정부 승인과 무기 지원을 목표로 활동
  - 2월 27일 미 국무장관 코델 헐에게 문서로 임시정부 승인 요청
  - 6월 7일 미국의 소리(VOA) 초단파 방송을 통해 고국동포들에게 투쟁을 독려
  - 11월 12일 일본 과달카날 해전서 대패
  - 12월 7일 루즈벨트 대통령에게 '한국인을 훈련시켜 일본을 격멸시키는 데 미국의 도움을 받고 싶다'는 내용의 서한을 전달
- **1943년**
  - 2월 16일 미 국무장관 헐에게 한국임시정부 승인을 허락하지 않으면 전후 한반도에 친소 공산정권이 들어설 것이라는 경고 서한전달
  - 2월 17일 미 육군장관 헨리 스팀슨에게 항일 게릴라 조직 계획서를 제안
  - 3월 30일 미 육군 장관에게 하와이 한인동포들을 일본인과 같이 취급하지 말 것을 요구하는 서한 전달, 육군장관으로부터
  - 4월 6일 긍정적 회신
  - 5월 15일 대한민국임시정부 대통령 이승만의 이름으로 루즈벨트 대통령에게 극동에 대한 야욕을 상기시키고 임정 즉각 승인과 무기 지원을 요청하는 서신 발송
  - 8월 23일 제1차 퀘벡 회의에 참석한 루즈벨트 대통령과 처칠 영국 수상에게 전보로 임시정부 승인과 군사 지원 요청
  - 12월 1일 카이로 선언 발표
  - 12월 22일 '한국을 독립국가로 승인하기가 어렵다'는 내용을 보낸 가이 질레트 상원의원을 찾아가 동지들과 항의하고 사과를 받아냄
- **1944년**
  - 1월 16일 시인이자 독립운동가 이육사 타계
  - 4월 21일 일본의 고문에 의해 주기철 목사 순교

- 8월 21일 루즈벨트 대통령에게 임시정부 승인 촉구
- 9월 11일 제2차 퀘벡 회의에 참석한 루즈벨트와 처칠에게 카이로 선언문의 문제점을 지적하고 일본 패망 후 한국의 즉각적인 독립을 요구하는 서한 전달
- 10월 25일 루즈벨트 대통령에게 다시 임정승인 촉구 서한 편지 보냄
- 11월 미 체신부가 태극기 마크가 그려진 미국우표 발행

• 1945년
- 2월 4일~11일 얄타회담연합군(미국, 영국, 소련 등) 제2차세계대전 논의
- 2월 5일 미국무 차관 조셉그루에게 한반도에 공산정권을 수립하려는 소련의 야욕을 막는 방법으로 임시정부의 즉각 승인을 촉구하는 전보 보냄
- 3월 8일 미 국무장관 에드워드 스테티니우스에게 유엔창립 총회에 임시정부 대표를 초청하도록 요구
- 3월 9일 루즈벨트대통령 부인 에리노어와 프란체스카 여사와 함께 면담
- 8월 6일 히로시마에 원폭 투하, 미국의 반격과 일본의 패망
- 8월 10일 일본천황 연합군에 항복 발표
- 8월 15일 광복절 국경일, 대한민국정부수립 기념일, 일본 치하에서 해방의 날
- 9월 2일 연합군 최고 사령부 미·소 양군의 한반도 분활 점령책 발표, 일본 항복 문서에 서명. 일본으로부터 남한의 통치권 접수
- 10월 10일 북한 김일성 주석 조선공산당 조선분국 설치
- 10월 21일 허헌, 이강국 등 좌익들이 이승만을 방문하고 인민공화국 주석 취임을 요청, 국립경찰 창설
- 10월 25일 조선독립 중앙협의회 총재직 맡음
- 11월 3일 조선공산당, 이승만의 민족통일안에 반대 서명
- 12월 17일 김일성 조선공산당 북조선분국 책임 비서에 취임
- 12월 28일 임시정부 측 '신탁통치반대' 국민 총동원위원회 설립

• 1946년
- 1월 2일 좌익세력 반탁에서 친탁으로 돌변
- 1월 14일 신탁통치를 찬성하는 공산주의자들을 매국노로 규정. 결별 선언
- 1월 15일 국방경비대 창설
- 2월 8일 조선독립촉성중앙협의회와 신탁통치반대국민총동원위원회를 통합한 대한독립촉성국민회 총재로 수임

- 3월 20일 제1차 미·소 공동위원회 덕수궁서 개최
- 3월 25 프란체스카 여사 서울 도착
- 6월 3일 전북 정읍서 남한 단독정부수립과 민족주의 통일기관필요성을 역설
- 6월 29일 독립정부 수립의 권리를 쟁취하기 위한 '민족통일총본부' 설치
- 8월 14일 트루먼 대통령에게 카이로 선언 이행 촉구 전문 발송
- 9월 10일 한국독립문제 제기하도록 유엔에 임영신 파송
- 9월 12일 돈화문 앞에서 공산주의자로부터 피격
- 12월 12일 UN에서 남한 단독정부수립을 주장 소련이 한국의 통일정부 수립을 허용하지 않을 것이 확실하므로 남한만이라도 과도정부수립이 필요하다고 주장

• **1947년**
- 3월 미국 해리. S 트루먼 대통령 미국의 독트린 선언
- 4월 1일 워싱턴 출발, 출발 전 미 국무부로부터 귀국 방해 받음
- 4월 13일 일본 동경을 거쳐 상해에서 장개석 총통과 회견
- 4월 21일 이승만의 귀국을 환영하는 대국님 환영행사 개최
- 5월 21일 제2차 미·소 공동위원회 개최
- 5월 24일 우익 59개 단체가 이승만의 신탁통치 반대 입장을 지지
- 7월 3일 좌우합작을 주장하는 하지중장가의 협조포기선언. 가택 연금 당함
- 7월 19일 여운영 피살
- 9월 16일소련의 진의를 파악한 미국정부가 이승만의 주장에 동조하기 시작
- 9월 21일 이청천이 단장으로 있는 대동청년단의 총재로 취임
- 10월 18일 독지가들의 모금으로 마련된 종로 이화장으로 사저에 입주
- 11월 14일 UN총회에서 UN 감시 하에 한반도 자유선거 실시 가결

• **1948년**
- 1월 8일 UN에서 한국임시위원단 도착
- 1월 22일 UN 임시위원단 이승만, 김구, 김일성, 박헌영 등을 협의대상으로 선정
- 1월 23일 UN 한국임시위원단의 북한 입국을 UN 소련대표 그 로미코가 거부
- 5월 10일 최초의 자유총선거 제헌 국회의원선거에서 동대문 갑구에 무투표 당선

- 5월 14일 이스라엘 건국일
- 5월 15일 제1차 중동전쟁 발발
- 5월 31일 제헌국회개최. 제헌의회 의장으로 선출
- 7월 17일 제헌절 창립, 대한민국 헌법 공포 국경일
- 7월 20일 국회에서 대통령으로 당선. 부통령 이시영 당선
- 7월 24일 대통령 및 부통령 취임식
- 8월 15일 대한민국 정부수립 선포식 거행
- 8월 26일 한·미상호방위조 협정 체결
- 9월 9일 북한, 조선민주의인민공화국 수립
- 9월 15일 미군철수 시작
- 9월 30일 대통령 시정방침연설
- 10월 8일 기자회견에서 미군철수연기 요구
- 10월 13일 40여명의 소장파 국회의원들이 미군 철수 긴급 동의안 제출
- 10월 19일 맥아더 주일 연합군 최고사령관 초청으로 일본 방문
- 12월 12일 UN 총회에서 대한민국을 유일한 합법정부로 승인
- **1949년**
  - 1월 7일 연두기자회견에서 '대마도는 우리 땅' 선언, 일본에 대마도 반환 요구
  - 4월 5일 식목일 창립
  - 5월 1일 전국 첫 인구조사 실시, 남한인구 2,018만명
  - 6월 26일 백범 김구 피살
  - 8월 8일 이승만, 장제스 진해회담 공동성명발표
  - 11월 26일 남북통일방안으로 북한 괴뢰정부 해체 후 총선거를 주장
- **1950년**
  - 1월 24일 국회의 내각책임제 개헌안 반대
  - 2월 14일 맥아더 장군 초청으로 일본 방문
  - 3월 10일 농지개혁법 공포. 4월 5일에 농지 분배 예정통지서 발송 시작
  - 6월 17일 내한한 미국무장관에게 극동방위계획에 한국도 포함시킬 것을 요청
  - 6월 25일 한반도 6.25 전쟁 발발
  - 6월 26일 새벽 3시 동경의 맥아더 장군과 전화 통화. 미국의 즉각 지원 요청
  - 6월 27일 UN 안보리 한국원조 결의. 오후 10시 서울사수 방송
  - 6월 29일 수원에서 전쟁수행에 대해 맥아더 장군과 협의 후 함께 한국전

선 시찰

- 7월 1일 첫 미 지상군 한국 도착. 새벽 3시 대전에서 부산행 피난길 오름
- 7월 2일 오전 11시에 목포항 거쳐 부산항 도착
- 7월 14일 맥아더 UN군 총사령관에게 작전지휘권 위임하는 서신 발송
- 9월 25일 UN군 인천상륙작전 개시
- 9월 30일 정일권 참모총장에게 38선 돌파 명령
- 10월 18일 고당 조만식 선생 타계
- 10월 20일 UN군 평양수복
- 10월 25일 중공군 한국전 개입
- 10월 30일 수복된 평양을 방문하여 환영대회서 연설

• **1951년**

- 1월 4일 1.4 후퇴
- 1월 5일 서재필 박사 별세
- 1월 31일 UN총회에서 중국을 침략자로 규정
- 3월 24일 맥아더 장군. 38선 이북 진격 명령
- 6월 9일 38선 정전 결사반대선언. 6.27일 소련의 정전안 거부
- 7월 3일 미 대통령에게 휴전협상 반대전문 발송
- 7월 10일 제1차 휴전 본회담 개성에서 개최
- 9월 20일 휴전 조건으로 중공군 철수. 북한 무장 해제. UN 감시 하에 북한 총선거 요구
- 11월 19일 자유당 창당과 총재직 수락

• **1952년**

- 1월 18일 일본 어선 침범을 막기 위한 이승만 평화선 라인선포
- 2월 6일 영국 엘리자베스 2세 여왕 즉위
- 2월 15일 제1차 한·일 회담 개최
- 8월 5일 직선제를 통한 제2대 이승만 대통령 당선
- 12월 2일 아이젠하워 미국 대통령 방한

• **1953년**

- 1월 5일 일본방문, 요시다 수상과 회담(6일)
- 1월 26일 국무회의에서 해양주권선 수호 언명
- 4월 11일 휴전 반대 국군단독북진성명
- 5월 8일 미 정부에 휴전 거부 통보
- 6월 6일 미국의 원조 없어도 싸우겠다는 단호한 입장 발표
- 6월 18일 오전 11시 UN군 포로수용소에서 반공포로 2만7천 명 석방 발표

- 6월 23일 피어슨 UN총회의장 이승만 대통령에게 반공포로 석방 항의
- 7월 12일 한미상호방위조약체결과 미국경제와 군사원조 약속을 포함한 한미 공동성명발표
- 11월 27일 대만 방문. 장개석 총통과 반공 통일전선 결성 공동성명 발표

• **1954년**
- 1월 독도에 '한국령' 이라는 영토 표지석 설치
- 2월 5일 헐 UN군 사령관, 테일러 미8군 사령관 등과 한국군증강 문제 협의
- 2월 13일 주한미군 2개사단 철수계획 강력반대 성명발표
- 6월 16일 특사로 억류 중인 일본인 선원 453명 전원 석방
- 7월 25일 아이젠하워 미국 대통령과 회담
- 7월 28일 미 상하원 합동회의에서 연설. 소련의 침략야욕을 강조, 무력만이 대응책이라고 주장, 33번 이상의 기립박수
- 8월 2일 뉴욕시가 마련한 브로드웨이 영웅행진 카퍼레이드에서 1백만 뉴욕시민의 환영받으면서 시가 행진
- 11월 29일 제2차 개헌 통과

• **1956년**
- 1월 14일 정부기구 축소 조속 실천 시달
- 3월 5일 자유당 전당대회, 정 · 부통령 후보에 이승만, 이기붕 지명
- 3월 9일 전국각지에서 이승만 대통령 3선 출마 호소 궐기 대회
- 3월 13일 이승만 재출마 요구를 요구하는 대한노총의 정치파업
- 3월 17일 델레스 미 국무장관의 한국방문, 대통령과 통일방안 협의
- 3월 25일 공보실 통해 재출마 결의 담화 발표
- 3월 26일 민주당이 대통령 3선 데모에 지지하는 데모는 조작 성명발표
- 5월 12일 우리나라 최초의 TV방송 시작, 휴전 협정 조속 폐기 촉구 담화
- 5월 15일 제3대 대통령 선거 실시. 대통령 이승만, 부통령 장면 당선
- 6월 25일 6.25 전쟁은 미국의 오판에서 일어났고 중공군 철수가 통일의 선행 조건임을 강조
- 9월 22일 대한민국 대통령령으로 10월 1일을 국군의 날로 선포
- 9월 30일 한일개선 조건으로 한국에 대한 재산권 청구철회를 일본에게 요구
- 10월 1일 국군의 날 창립
- 10월 29일 제2차 중동전쟁 발발
- 11월 7일 소련에 항거한 헝가리 국민을 돕겠다는 의사 표명

• **1957년**
- 1월 6일 휴전협정 폐기와 군비 강화 강조

- 3월 21일 82회 탄생기념일을 맞아 우남 장학회 발족
- 3월 26일 국회의장 이기붕의 장남 이강석을 양자로 맞이함
- 4월 2일 유도탄 도입 등 포함한 군사력 증강 역설
- 5월 14일 공산주의의 위협을 경고
- 6월 15일 로이터 기자회견에서 한국군 군비 현대화 강조
- 6월 19일 UPL 기자와 서면 회견에서 북한의 남침 위험성을 경고
- 7월 28일 휴전 4년을 맞이하여 휴전협정의 무효임을 강조하며 선언
- 8월 8일 IAEA (국제원자력 기구) 가입
- 9월 23일 공산군의 재 남침 기도에 대해 경고
- 10월 9일 '우리말 큰 사전' 전6권 30년 만에 완간
- 10월 21일 미국의 한국에 경제원조 삭감에 경고
- 12월 3일 한글전용을 국무회의에서 지시
- **1958년**
  - 1월 1일 이북 동포에게 메시지 발표
  - 1월 21일 일본에 대한 경계심을 강조
  - 2월 11일 원자력 법안 확정. 원자력원 설치
  - 2월 23일 UN군 철수 불가 성명발표
  - 3월 28일 일본 기시 수상의 한일회담 재개요망에 친서에 동의 표명
  - 3월 31일 미국 기자와의 인터뷰에서 인도차이나에 한국군 파견용의 표명
  - 4월 26일 멘델레스 터키 수상에게 대한민국 1등 건국공로훈장 수여
  - 8월 29일 아시아의 집단 안전보장체제를 강조. 대만에 유재흥 연참총장을 특사로 파견
  - 10월 28일 원자력 연구 지시
  - 11월 5일 베트남 방문. 자유수호등 공동성명 발표
  - 12월 12일 CBS기자에게 UN군철수불가 및 국가보안법 필요성을 언명
- **1959년**
  - 1월 1일 북한 동포에게 방송을 통해 위로와 격려를 보냄
  - 1월 5일 국가재산을 효율적으로 운영할 것을 지시
  - 1월 26일 외신기자와의 면담에서 일본에게 문화재 반환을 요구
  - 2월 28일 대구학생 부정선거 규탄 데모
  - 3월 1일 3.1절 기념식에서 일본에 대항하는 안전보장의 중요성 강조
  - 3월 15일 3.15부정선거
  - 3월 18일 중앙선관위 대통령 후보 이승만 963만표, 부통령후보 이기붕 833만 표

- 3월 25일 남북통일을 위한 미국의 결단 촉구
- 4월 30일 〈경향신문〉 폐간
- 6월 24일 UPL 기자와의 서면회견에서 북진통일 강조
- 6월 25일 미국 적십자에 일본의 재일동포 북송 저지를 요청
- 11월 11일 AP 기자와의 서면회견에서 한국을 유도탄기지로 사용하는 아시아동맹의 필요성의 강조
- 12월 25일 군대 안에 부정부패 근절을 지시

- **1960년**
  - 1월 27일 정·부통령 선거일을 농번기를 피해 정하도록 발언
  - 1월 28일 건국이후 최초로 사법부 방문
  - 4월 19일 4.19 혁명 발발
  - 4월 20일 4.19 데모 관련담화 발표
  - 4월 21일 4.19 유혈사태로 정치적 상황을 관료들을 경무대로 불러 상의
  - 4월 23일 시위진압 경찰의 발포에 따른 시민들의 사망에 애도
  - 4월 24일 4.19 유혈사태에 책임자유당 총재 사임
  - 4월 27일 대통령직 사임서를 국회에 제출
  - 4월 28일 종로 이화장으로 거처 옮김
  - 5월 3일 국회. 대통령의 사직 및 4대 대통령 당선 사퇴 발표
  - 5월 9일 정계은퇴 성명
  - 5월 29일 하와이로 출국
  - 6월 15일 제3차 개헌 통과. 제2공화국 출범
  - 11월 8일 존 F.케네디 미 제35대 대통령당선

- **19612년**
  - 3월 7일 한국정부의 반대로 귀국 좌절

- **1965년**
  - 7월 19일 향년 90세로 하와이 호눌룰루 마우나라니 요양원에서 서거, 호눌룰루소재 한인기독교회에서 영결예배 후 유해를 미 군용기로 김포공항으로 운구
  - 7월 27일 종로정동제일교회에서 영결예배 후 동작동 국립현충원묘지에 안장

 epliogue

국민일보 (오늘의 설교) 그리스도 안에서 통일
2018.4.30. (남북정상 판문점에서 만난시기)
글 칼럼 / 노영애 목사
"하늘에 있는 것이나 땅에 있는 것이나 그리스도 안에서 통일되게 하려 함이라." 에베소서 1장 10절

남북분단의 현실은 슬프고도 애석한 일입니다. 한민족의 분단은 한반도 뿐만 아니라 전 세계의 숙제이기도 합니다. 한반도의 모든 상황은 역사의 주관자이신 주님의 손에 달려있습니다. 주님은 한반도를 향한 놀라운 계획을 가지고 있습니다, 그것은 분단의 비극으로부터 자유로워지는 것입니다. 바로 갈라짐으로부터 해방이며 자유입니다. 주님의 영광을 우리가 보고 다음세대에 평화로운 나라를 물려주기 위해 우리는 어떤 일을 해야 할까요.

우선 우리는 주님의 마음을 품고 기도해야합니다. 하나님의 사람 느헤미야는 민족의 성벽이 무너졌다는 소식을 듣고 하나님 앞에 겸손하게 기도했습니다. 느헤미야 1장4~5절 "내가 이 말을 듣고 앉아서 울고 수일동안 슬퍼하며 하나님 앞에 금식하며 기도하여 가로되 하늘의 하나님 여호와 크고 두려운 하나님이여 주를 사랑하고 주의 계명을 지키는 자에게 언약을 지키시며 긍휼을 베푸시는 주여 간구하나이다."라고 기록되어 있습니다.

이처럼 간절한 기도에 응답하신 하나님은 느헤미야를 통해 무너진 성벽을 재건하고 희망이 없던 이스라엘을 안전하게 하였으며 포로였던 백성들을 그리스도안에서 하나 되게 하셨습니다.

또한 소망의 주님을 바라보며 주님의 때를 기다려야 합니다. 느헤미야는 하나님의 때를 기다리며 기도했습니다. 그는 줄곧 황폐해진 예루살렘을 보며 슬퍼했습니다. 느헤미야는 이스라엘이 하나님의 인도하심에 하나 되길 열망

하며 느헤미야1장6절에서 "나와 나의 아버지 집이 범죄 하였나이다."라고 말했습니다. 이스라엘의 범죄 뿐 아니라 스스로 낮아져 겸비하고 스스로 수치를 감수 한 것입니다. 예루살렘 성벽의 상황을 조사하고 성벽건축과 건축자들의 명단을 작성하며 주님의 때를 기다렸습니다.

끝으로 하나님의 뜻을 구하며 말씀에 순종해야합니다, 제가 영국에서 선교사로 사역할 때에 탈북하신 분들을 만난 적이 있습니다. 그분들은 꼭 독일을 방문한다고 합니다. 독일방식의 통일 방식을 꿈꾸기 때문이라고 합니다. 서독과 동독의 통일은 1982년 시작됐습니다. 동독 라이프치히 니콜라이 작은 교회의 몇 명의 성도들이 월요일마다 모여 기도회를 시작했습니다. 이 기도회가 나중에는 7만 명에 달하는 인파로 확대되었다고 합니다. 그러자 동독의 정부가 핍박했습니다. 하지만 평화통일을 열망하는 이들을 막을 수 없었습니다. 결국 기도의 씨앗은 서독과 동독의 통일로 이어졌습니다. 그리고 자유통일 독일은 세계정상에 우뚝서있습니다.

그리스도인은 말씀을 따라 기도하며 순종해야합니다. 그리스도인은 꽃길만 걷기보다 십자가 가시밭길을 걸으면서도 순종해야하는 사명을 가졌습니다. 분단된 현실 속에서도 성경을 읽고 기도하면서 각자 삶의 자리에서 성실히 살며 통일을 꿈꿔야 합니다.

2015년 7월 독일에서 한국이 낳은 세계적인 성악가 조수미씨가 '그리운 금강산'을 부르기 전에 했던 말이 아직도 마음속에 깊은 여운으로 남아 있습니다. 그는 "대한민국을 넘어 전 세계가 원하는 통일이 하루 속히 이뤄져 더이상 그리운 금강산이 아니라 아름다운 금강산을 부르고 싶다"면서 "베를린에서 부르는 마지막 그리운 금강산이 되기를 바란다."고 말했습니다. 우리민족의 아픔이 고스란히 슬픔으로 전해지는 순간 이였습니다. 대한민국사람 누구나 경천애인의 자세로 나라와 민족의 앞날을 한 목적. 한뜻으로 한반도의 마지막 사명, 주님이 기뻐하는 복음통일의 그날을 향해 나아가야합니다.

참고문헌 및 자료

- 올리버 로버트 〈이승만이 없었다면 대한민국 없다〉 동서문화사 /2014
- 오인환 〈이승만의 삶과 국가〉 나담/2013
- 김현태 〈이승만 대통령에 대한 불편한 진실〉 2018
- 김용삼 〈이승만과 기업가 시대〉 북 앤 피플 /2013
- 전광훈 〈이승만의 분노〉 퓨리탄 /2015
- 김재동 〈한국 근대사 바로 알기〉 복의 근원/2018
- 안병훈 〈건국 대통령 이승만의 생애〉 기파랑/2015
- 이선교 〈올바른 해방 전후사의 인식〉 현대사 포럼/2012
- 이한우 〈대한민국을 세운 독립운동가 이승만〉 역사공간/2010
- 이 호 〈위대한 건국 대통령 이승만〉TNJ TV/2018
- 이 호 〈하나님의 기적 대한민국 건국〉 자유인의 숲/2018
- 이주영 〈이승만 평전〉 살림출판사/2014
- 백태남 〈한국사 연표〉 다할미디어/2013
- 유영익〈건국 대통령 이승만 〉 일조각/2013
- 이정수 〈초대 대통령 이승만〉청 미디어/2013
- 프란체스카 도너리〈프란체스카의 난중일기〉기파랑/2011
- 남정욱.류석춘 〈이승만 깨기〉 백년동안/2015
- 권혁철.김광동.김용삼 외 〈시간을 달리는 남자〉/백년동안/2016
- 이지연.배재희〈나라잃은 소년 나라를 세우다 이승만 이야기〉기파랑/2019
- KBS 역사 스페셜/ 역사 저널 그날
- 이주영 〈대한민국의 건국 과정〉 건국이념보급회 출판부/2013

사진자료

- 이화장
- 이승만 연구원
- 국가 기록원
- 이승만 기념관
- 한국기독교 역사 문화관
- 국가보훈처
- 전쟁기념관
- 독립기념관
- 선릉 은행나무
- 배재고 교정